किन्नर प्रदक्षिका

किन्नर प्रदक्षिका

डॉ. राजेश श्रीवास्तव

वाणी
प्रकाशन

प्रकाशन के उत्कृष्टतम 62 वर्ष

सजिल्द पहला संस्करण : 2025

vaniprakashan.com

वाणी प्रकाशन

4695, 21-ए, दरियागंज, नयी दिल्ली-110 002

फ़ोन : + 91 11 23273167, 23275710

शाखाएँ

अशोक राजपथ, पटना-800 004, बिहार

कॉफ़ी हाउस कैम्पस, महात्मा गांधी मार्ग, प्रयागराज-211 001, उत्तर प्रदेश

महात्मा गांधी अन्तरराष्ट्रीय हिन्दी विश्वविद्यालय, वर्धा-442 001, महाराष्ट्र

sales@vaniprakashan.in

vaniprakashan@gmail.com

KINNAR PRADAKSHIKA

by Dr. Rajesh Shrivastava

ISBN : 978-93-7348-225-5

Criticism

मूल्य : ₹ 550

जी.एस. ऑफ़सेट, दिल्ली-110 095 में मुद्रित

वाणी प्रकाशन का लोगो मक़बूल फ़िदा हुसैन की कूची से

डॉ. लक्ष्मी नारायण त्रिपाठी

आचार्य महामंडलेश्वर श्रीश्री किन्नर अखाड़ा

प्रस्तावना

किन्नरों का इतिहास अत्यंत गौरवशाली रहा है। सतयुग, त्रेता, द्वापर से लेकर वर्तमान युग तक किन्नरों के वैभव की अमोघगाथाएं लोक में प्रसिद्ध रही हैं। हमारे वेद-पुराण, रामायण, महाभारत तथा संपूर्ण संस्कृत वांग्मय किन्नरों के वैशिष्ट्य से समृद्ध है।

डॉ. राजेश श्रीवास्तव की पुस्तक 'किन्नर प्रदक्षिका' ने मुझे चौंका दिया। किन्नरों के प्राचीन इतिहास पर इतनी शोधपूर्ण एवं प्रमाणिक सामग्री अन्यत्र किसी पुस्तक में नहीं मिलती। यह पुस्तक अद्भुत है। देवयुग की जातियों यक्ष, गंधर्व, नाग, देव, असुर इत्यादि में किन्नर जाति का अस्तित्व ही वर्तमान में शेष है। लेखक ने किन्नरों को उपदेवता कहा है, जो सर्वथा उचित है क्योंकि किन्नरों का जीवन समाज के लोकमंगल के लिए समर्पित है। सदैव कल्याण की कामना के साथ वे शुभअवसरों पर सबको आशीर्वाद प्रदान करते हैं। कभी किसी का अहित नहीं करते। किन्नरों ने त्रेता में भगवान राम को भी आशीर्वाद प्रदान किया था।

इस पुस्तक में लेखक ने किन्नरों के प्राचीन गौरवशाली इतिहास को अत्यंत गरिमामय उद्धरणों के साथ प्रस्तुत किया है। रामायण, महाभारत तथा विभिन्न महत्वपूर्ण ग्रंथों के साथ ही विश्व के विभिन्न देशों में किन्नरों की अविश्वसनीय अलौकिक मान्यताओं की सचित्र जानकारी बहुत ही ज्ञानवर्धक है। किन्नरों के राजा द्रुमा जैसी अनेक कथाएं इस पुस्तक में विशेष हैं।

डॉ. राजेश श्रीवास्तव लंबे समय से मेरे संपर्क में है। वे वैश्विक रामायण के अध्येता हैं। संसार की समस्त महत्वपूर्ण रामकथाओं का उन्होंने अध्ययन किया है। रामायण पर आधारित उनकी बहुत सारी पुस्तकें प्रकाशित हैं। किन्नरों पर यह पुस्तक लिखने का संकल्प उन्होंने मेरे आग्रह पर मेरे समक्ष ही किया था। परमेश्वर की इच्छा और कृपा से वह पूर्ण हुआ है।

यह पुस्तक गहनशोध एवं दृढ़ संकल्प का प्रमाण है। 'किन्नर प्रदक्षिका' भारतीय वांग्मय में एक अमूल्य निधि के रूप में संरक्षित की जाएगी। किन्नरों के वतर्मान जीवन पर उनकी दूसरी पुस्तक की भी प्रतीक्षा रहेगी। पुस्तक के यशस्वी लेखक डॉ. राजेश श्रीवास्तव को मेरी अनन्त शुभकामनाएं।

डॉ. लक्ष्मी नारायण त्रिपाठी
आचार्य महामंडलेश्वर
श्री श्री किन्नर अखाड़ा

अपनी बात

परिवर्तन ही प्रकृति का नियम है। समय के चक्र में सब कुछ बदला है। प्राचीन काल की यक्ष, गंधर्व, सिद्ध, विद्याधर, सुर, वानर, किन्नर आदि प्रजातियों में मात्र किन्नरों की उपस्थिति ही वर्तमान में शेष है। और कार्यसिद्धि का प्रथम शुभ आशीर्वाद देने की पात्रता इन्हीं किन्नरों की है। भारतीय वांग्मय में किन्नरों की उपस्थिति सर्वत्र मिलती है। हिन्दू तथा बौद्ध पौराणिक कथाओं में किन्नरों का जो चित्र अंकित है वह उनके दिव्य और निर्मल स्वरुप का परिचायक है। किन्नर उपदेवता हैं।

कूर्मपुराण संहिता में कथा है कि कृष्ण अपने तप एवं योग को सिद्ध करने के लिए गंगा के किनारे मुनि उपमन्यु के आश्रम गए। कृष्ण के आगमन से समस्त आश्रमवासी अत्यंत प्रसन्न हुए। मुनि का वंदन करते हुए कृष्ण ने कहा—मुनिवर, बहुत समय से भगवान शंकर के दर्शन नहीं हुए। नटराज तो वही हैं। उनके दर्शन बिना मेरी योग-साधना पूर्ण कैसे होगी?

मुनि ने कहा–नटवर और नटराज का मिलन तो अद्‌भुत होगा। आप उत्तम स्थान पर पधारे हैं। इसी आश्रम पर शुक्राचार्य ने तप करके पुत्र प्राप्त किया था। यहीं वशिष्ठ ने योग, वेदव्यास ने ज्ञान और देवों ने अभय हेतु तप किया था। यहीं वेदव्यास ने पुराण, भृगु ने ज्योतिष तथा याज्ञवल्क्य ने योगशास्त्र की रचना की थी। भगवान शिव उग्रतप एवं भक्ति से ही प्रकट होते हैं। कैलाश पर्वत पर शिवजी की जटाओं से गंगा का प्रवाह हुआ किंतु गंगा को स्थिरता काशी में आकर मिली, यहां भोलेनाथ का स्थायी वास है।

मुनि ने कृष्ण को पाशुपत योग की दीक्षा देकर शिव आराधना का रहस्य समझाया। कृष्ण ने शिव आराधना की। विष्णु के अवतारी कृष्ण को तप एवं योग करते देख शिवजी प्रकट हुए और बोले—प्रभु ! आप मेरी शक्ति हो। वे कृष्ण को अपने साथ कैलाश पर्वत ले गए। वहां गंधर्व और किन्नरों ने कृष्ण का स्वागत किया। शिवजी ने कहा—ये मेरे गण हैं। इन सभी में मेरा अंश है। इन गंधर्व और किन्नरों को देव स्वरूप में ही पूजा जाएगा। मेरे छोटे पुत्र इन गणों के अधिपति हैं इसीलिए उनका नाम गणपति है।

वांग्मय में किन्नरों को अर्द्धमानव और अर्द्ध पक्षी अथवा अन्य रुप में दर्शाया गया है। ठीक उसी तरह जैसे नरसिंह आधे सिंह और आधे नर हैं। जैसे गणेश आधे गज और आधे मनुष्य हैं। जैसे हयग्रीव आधे अश्व और आधे मानव हैं। जैसे नागकन्याएं हैं जिनका अर्द्धभाग नारी और आधा भाग नाग का है। जैसे मत्स्य कन्याएं जिनका आधा भाग मछली का है। जैसे अर्द्धनारीश्वर शिव जिनका आधा भाग स्त्री और आधा भाग पुरुष का है।

शिवविवाह के समय ब्रह्माजी ने शिवजी से निवेदन किया था कि हे सदाशिव! आप विष्णु

सहित समाज के सभी ऋषि, इंद्र, यक्ष, गंधर्व, किन्नर, सिद्ध, विद्याधर आदि को आदरपूर्वक यहाँ बुलाइए। वे सब आपके कार्य सिद्ध करेंगे, इसमें संदेह नहीं है। शिवजी ने ऐसा ही किया। शिवपुराण सहित अन्य पुराणों में भी किन्नरों के अनेक संदर्भ और कथाएं मिलती हैं। इन्हें किन्नर और किन्नरी के रुप में अलग अलग भी चित्रित किया गया है।

प्रायः किन्नर जातियों का उल्लेख शुभअवसरों पर आशीर्वाद देने के लिए किया गया है। किन्तु उनकी अन्तर्कथाओं के सूत्र सम्पूर्ण वांग्मय में बिखरे हुए हैं जिन पर कम ही प्रकाश मिलता है। जिस प्रकार रामायण में वानर साम्राज्य परंपरा का विस्तृत उल्लेख है। राजा सुग्रीव और राजा बाली का साम्राज्य, मंत्री, उनकी पत्नियां और उनकी सेना का एक भव्यचित्र देखने को मिलता है। उनके पास गुप्तचर सेना है और राज्य की नीति भी है जिस प्रकार वानर साम्राज्य है ठीक उसी प्रकार किन्नरों का भी अपना एक साम्राज्य हुआ करता है। कथा मिलती है कि किन्नरों के प्रथम राजा द्रुमा थे जिनकी पुत्री का नाम अन्तिमा था। महाकवि भारवि ने अपने प्रसिद्ध ग्रन्थ किरातार्जुनीय महाकाव्य के हिमालय वर्णन खण्ड (पांचवा सर्ग, श्लोक 17) में किन्नर, गन्धर्व, यक्ष तथा अप्सराओं आदि देव-योनियों के किन्नर देश में निवास होने का वर्णन किया है। वायुपुराण में महानील पर्वत पर किन्नरों का निवास बताया गया है।

कांदबरी (साहित्यिक ग्रन्थ) में भी उनके स्वरूप, निवासक्षेत्र और क्रियाकलापों के वर्णन मिलते हैं।

किन्नरों की उत्पत्ति में दो प्रवाद हैं। एक तो यह कि वे ब्रह्मा की छाया अथवा उनके पैर के अंगूठे से उत्पन्न हुए हैं और दूसरा यह कि अरिष्ठा और कश्यप उनके आदिजनक थे। हिमाचल का पवित्र शिखर कैलाश किन्नरों का प्रधान निवास-स्थान था, जहाँ वे शंकर की सेवा किया करते थे। उन्हें देवताओं का गायक और भक्त माना जाता था और वे यक्षों और गंधर्वों की तरह नृत्य और गायन में प्रवीण होते थे। उनके सैंकडों गण थे और चित्ररथ उनका प्रधान अधिपति था। महाभारत के दिग्विजय पर्व में अर्जुन का किन्नरों के देश में जाने का वर्णन आता है। ''पराक्रमी वीर अर्जुन धवलगिरि को लांघ कर द्रुमपुत्र के द्वारा सुरक्षित किंपुरुष देश में गए जहाँ किन्नरों का वास था।

रामकथा में भगवान राम ने भरत तथा अयोध्यावासियों की विनय अस्वीकार करते हुए सभी नर-नारियों को अयोध्या वापस लौट जाने को कहा परन्तु उन्होंने किन्नरों के लिए कुछ नहीं कहा, जबकि वे भी उन्हें मनाने हेतु वहां उपस्थित हुए थे। वहाँ उपस्थित सभी किन्नर चौदह वर्षों तक वहीं रुककर राम के आदेश की प्रतीक्षा करते रहे। वनवास से लौटने पर राम ने जब उन किन्नरों का वहीं खड़े देखा तो किन्नरों ने बताया कि जब हम भरत के साथ यहाँ आपको मनाने हेतु आये थे तो आपने कहा था-

'जथा जोगु करि विनय प्रनामा, बिदा किए सब सानुज रामा।
नारि पुरुष लघु मध्य बड़ेरे, सब सनमानि कृपानिधि फेरे।।

लोकप्रसिद्ध है कि राम ने इनकी भक्ति से प्रसन्न होकर इन्हें दूसरों को भी आशीर्वाद देने का मंत्र सौंपा।

"किन्नर प्रदक्षिका" में किन्नरों की उसी महती पौराणिकगाथा के सूत्रों को समाविष्ट करने का प्रयास किया गया है। यह विषय भी प्रभु राम की ही कृपा से मिला। कोविदकाल में हम ग्लोबल इन्साइक्लोपीडिया ऑफ रामायण के अन्तर्गत रामायण के विविध विषयों पर संगोष्ठी कर रहे थे। किन्नर समाज में रामकथा के सूत्रों को समझने के लिए आचार्य लक्ष्मीनारायण त्रिपाठी जी के मार्गदर्शन में किन्नर महामंडलेश्वरों को व्याख्यान के लिए आमंत्रित किया गया। वहीं से यह प्रेरणा मिली कि किन्नर इतिहास के गौरवसूत्रों को एकत्र किया जाए। यह पुस्तक किन्नर प्रदक्षिका किन्नरों के अतीत गौरव के पृष्ठाकंन हेतु समर्पित है। किन्नर महामंडलेश्वरों के जीवन पर एक पुस्तक तैयार करने का भाव भी मन में है।

आचार्य लक्ष्मीनारायण त्रिपाठी के समक्ष जब मैंने किन्नर गौरव पर लिखने का संकल्प लिया तब मन में अवधारणा थी कि पुस्तक का नाम किन्नरपुराण होगा। किन्तु पुराणों की पावन एवं भव्य परम्परा के सूत्र और स्त्रोत भिन्न थे। मुझे प्रभु ने जो दिशा दिखाई उसमें एक प्रदक्षिणा भी अनन्त संकल्पों की पूर्णता की भाँति थी इसलिए पुस्तक का नाम किन्नर प्रदक्षिका रखा और चार वर्षों के अनन्तर पुस्तक पूर्णता का संकेत आचार्य लक्ष्मी नारायण त्रिपाठी को दिया तो उनका आशीर्वाद ऐसा था मानो प्रभु ने मस्तक पर अपना वरदहस्त रख दिया हो। उन्होंने अकिंचन को आशीर्वाद देते हुए पुस्तक की प्रस्तावना की सहमति प्रदान की, यह भी प्रभुप्रसाद ही है। मैं महामंडलेश्वर पीताम्बरा नंदगिरि, किन्नर अखाड़ा, भोपाल को भी धन्यवाद देना चाहता हूँ जिनका आशीर्वाद और सानिध्य निरन्तर प्राप्त होता रहा है। वाणी प्रकाशन के निर्देशक मित्र अरुण माहेश्वरी जी ने इस पुस्तक को प्रकाशित करने की उत्साहपूर्वक सहमति दी, उनके प्रति बहुत आभार।

आशा है पुस्तक पसंद की जाएगी। इसका विषयफलक अनन्त विस्तारित है। एक दृष्टि जितना देख सकती है इस पुस्तक में उतना ही है, बस। क्षमा याचना सहित।

-डॉ. राजेश श्रीवास्तव

अनुक्रम

किन्नर अवधारणा

यक्ष, किन्नर, नाग, गंधर्व तथा विद्याधर राजाओं को भी उपदेव कहा गया है। इस मान्यता के पीछे यह तथ्य है कि अभिषेक के समय राजा के शरीर में अग्नि, सविता और बृहस्पति आदि देवता प्रवेश करते हैं और यह भी कि अश्वमेध यज्ञ कराने वाले राजा को मृत्यु उपरांत देवपद मिलता है। किन्नर उन राजाओं को आशीर्वाद देकर स्वयं पूजित होते हैं और उन्हें उपदेवता के रूप में सर्वत्र पूजा जाता है। वे किसी के विरोधी नहीं होते। किसी से संघर्ष नहीं करते। वे सभी के शुभचिंतक होते हैं। आपदकाल में वे मनुष्य जाति की रक्षा करने वाले होते हैं। जन्म, विवाह के संस्कारों तथा अन्य पारिवारिक महत्वपूर्ण शुभअवसरों पर किन्नरों का समूह अपनी नितांत गोपनीय सूचनाओं के आधार पर अचानक ही प्रकट हो जाता है। इस आगमन को समाज में अत्यंत पुण्य माना जाता है। किन्नरों के आगमन के बिना ऐसे अवसरों की पूर्णता भी नहीं मानी जाती। बहुतेरे परिवार तो पलक पांवड़े बिछाकर किन्नर समाज का स्वागत करते हैं।

यक्ष एवं गंधर्वो की भाँति किन्नर भी कुबेर के अधीन थे। किन्नर गंधर्वों की भाँति ही मानवेतर प्राणी हैं। ये उच्चतर स्तर की सत्ताएं हैं जिनका शरीर मानव का तथा मुख अश्व का होता है। अथवा मुख मानव का और पैर पक्षी के होते हैं। किन्नर सूर्य की भी स्तुति करते हैं।

वेदों में उपदेवता को अनेक तरह से परिभाषित किया गया है।

देवानां समीपे बर्तमनः सयः, इंद्रं न वृत्रतुरमर्ददेवम्

(ऋग्वेद- 4/42/8-9)

ऋग्वेद (1/51/13) में एक प्रसंग आता है जब इंद्र स्वयं को स्त्री रुप में बदल लेते हैं।

प्रायोगि का पुत्र शापित होकर स्त्री बन जाता है। (ऋग्वेद - 8/33/19)

शतपथब्राह्मण (3.3.4.18) में इंद्र वृष्णव की पत्नी बनते हैं।

मनुस्मृति में किन्नरों का उल्लेख कुछ इस प्रकार है-

दैत्यदानवयक्षाणां गंधर्वोरगरक्षसाम्।
सुपर्णकिन्नराणां च स्मृता बर्हिषदोऽत्रिजाः।।

(मनुस्मृति 3/196)

(अत्रि के पुत्र बर्हिषद दैत्य, दानव, यक्ष, गंधर्व, नाग, राक्षस, सुपर्ण और किन्नरों के पितर हैं। कामसूत्र में किन्नरों को तृतीय प्रकृति कहा गया है।)

भिन्नत्वातृतीयाप्रकृतिः पश्चिमीत्येके।
तृतीया प्रकृतिर्नपुसंकः स्त्रीत्वपुंस्त्वाभावादिभ्यते।।

(अध्याय 5–27)

किन्नरों का देवताओं का मनोरंजन करने वाली जाति के रूप में वर्णन मिलता है। शब्दकोष में किन्नरों के प्रायः चार रुप बताए गए हैं—स्यात्किन्नरः किम्पुरुषः तुरंगवदनों मयुः। किन्नर, किम्पुरुष, तुरंगवदन तथा मयुः इन चारों शब्दों को कुछ विद्वान पर्यायवाची भी मानते हैं। विभिन्न शब्दकोषों में किन्नर को अनेक नामों से पुकारा गया है। इन्हें कहीं कहीं अश्वमुख, किंपुरुष, कुबेरसखा, गायक वादक, जाति, तुरंगवदन, संगीतप्रेमी आदि कहकर भी सम्बोधित किया गया है।

किन्नर शब्द को तरह-तरह से संबोधित एवं परिभाषित किया जाता है। हिंदी में किंपुरुष, हिजड़ा, द्विलिंग, किन्नर, तृतीय प्रकृति, जनका, तेलुगु में नपुंसकुडू, कोज्जा या मादा, तमिल में थिरुनंगई, ओम्बुड्डु, अरावनी, उर्दू में नामर्द, पंजाबी में खुसरा, गुजराती में पवैया, कन्नड़ में जोगप्पा, मराठी में छक्का, अंग्रेजी में युनक (Eunach), ट्रांसजेंडर, थर्डजेंडर कहा जाता है।

बृहद हिंदी कोश–देवताओं की एक योनि, जिसका मुख घोड़े के समान होना माना जाता है। किंपुरुष, गाने बजाने वाली एक जाति।

नागरी प्रचारणी सभा द्वारा प्रकाशित विश्वकोश में तीसरे खंड में किन्नर का अर्थ बताया है–किन्नर हिमालय में आधुनिक किन्नौर प्रदेश के पहाड़ी हैं जिनकी भाषा किन्नरौरी गलख, लाहौली आदि बोलियों के परिवार की है।

पाणिनीकृत अष्टाध्यायी में 'खिल भाग' में लिंगानुशासन प्राप्त होता है जिसमें स्त्री एवं किन्नर अथवा नपुंसक के भेद को स्पष्ट किया गया है।

किन्नरों के लिए किंपुरुष शब्द के जो पर्यायवाची शब्द प्रयुक्त हुए हैं उसका समाधान इस श्लोक में मिल जाता है।

किंपुरुषः स च अश्वाकार जघनः नराकारमुखः।
किन्नरस्तु अश्वाकार बदनः नराकारजघन इति त्यार्भेद :।।

अर्थात किंपुरुष नरमुख वाले तथा किन्नर अश्वमुख वाले बताए गए हैं।

किन्नर शब्द का अर्थ है— किस प्रकार का व्यक्ति? पौराणिक मान्यताओं के अनुसार किन्नर ईहामृग (कल्पनाजन्य जीव) का ही एक रूप है। इनकी शरीर संरचना अदभुत आकार प्रकार की बताई गई है। अश्वमुखी यक्षी का उल्लेख जातक में भी हुआ है। अश्वमुखी किन्नर, अर्द्धपक्षी और अर्द्धमानव प्रकार की धारणा बौद्ध मान्यताएं हैं। बोधगया, सांची और पाटलिपुत्र में अश्वमुखी यक्षी का अंकन देखने को मिलता है।

हलायुध कोश में किन्नर के अश्वमुखस्वरुप का उल्लेख है–

स तु अश्वमुखत्वात कुत्सितनरः।

भवभूति ने 'न मानुषो नापि पशुः के रुप में 'अश्वमुखं किन्नर- मिथुनमेतत' कहकर किन्नरों का परिचय दिया है। (महावीरचरित - 7/24-25)

बह्वृचोपनिषत् एक अल्पज्ञात आधुनिक उपनिषत् संहिता का अंश है जिसमें देवी को सृष्टि का कर्ता माना गया है।

देवी ह्येकाग्र एवासीत्। सैव जगदण्डमससृजत्।
कामकलेति विज्ञायते। श्रृंगारकलेति विज्ञायते।।

(सृष्टि रचना के पहले एक मात्र देवी ही विद्यमान थीं। उन्हीं के द्वारा ब्रह्मांड की सृष्टिसंरचना सम्पन्न हुई। वे देवी कामकला और श्रृंगारकला के नाम से विख्यात हैं।)

तस्या एव ब्रह्मा अजीजनत्। विष्णुरजीजनत्। रुद्रोजीजनत्। सर्वे मरुद्राणा अजीजनत्। गंधर्वाप्सरसः किन्नरा वादित्रवादिनः समन्तादजीजनत्।

(उन देवी के द्वारा ही ब्रह्माजी, भगवान विष्णु और रुद्र प्रकट हुए। उन्हीं से सब मरुदगण तथा गायन करने वाले गन्धर्व, नर्तन करने वाली अप्सराएं एवं वाद्ययंत्रों को झंकृत करने वाले किन्नर प्रकट हुए।)

अमरकोष में देवताओं की अनेक श्रेणियां बताई गई हैं।

विद्याधरोअप्सरो यक्ष-रक्षो-गंधर्व - किन्नराः।
पिशाचो - गुह्यकः सिद्धो - भूतोऽमी देवयोनयः।।

(अमरकोष / स्वर्ग वर्ग - 3/11)

इनमें से किन्नर और गंधर्व जाति गायन और नृत्य में प्रवीण थीं तथा देवताओं का मनोरंजन किया करती थीं।

आचार्य वराहमिहिर द्वारा रचित ग्रंथ बृहत्जातकम् के अनुसार किन्नरों के जीवन में ज्योतिष ग्रहों का प्रभाव महत्वपूर्ण होता है। चंद्रमा सम राशि में और सूर्य विषम राशि में हो अथवा शनि सम और बुध विषम राशि में हो अथवा चंद्रमा और लग्न दोनों विषम होकर मंगल के दृष्टि मार्ग में हों तो किन्नरों का जन्म होता है। इसी प्रकार चंद्रमा सम और बुध विषम में होकर मंगल के दृष्टिमार्ग में हो तो भी किन्नर जन्म संयोग बनते हैं। यह मुहूर्त देवमुहूर्त कहलाते हैं।

किन्नरों की उत्पत्ति में दो प्रवाद हैं। —एक तो यह कि वे ब्रह्मा की छाया अथवा उनके पैर के अंगूठे से उत्पन्न हुए हैं और दूसरा यह कि अरिष्ठा और कश्यप उनके आदिजनक थे। हिमाचल का पवित्र शिखर कैलाश किन्नरों का प्रधान निवास-स्थान था, जहाँ वे शंकर की सेवा किया करते थे। उन्हें देवताओं का गायक और भक्त माना जाता था और वे यक्षों और गंधर्वों की तरह नृत्य और गायन में प्रवीण होते थे। उनके सैंकडों गण थे और चित्ररथ उनका प्रधान अधिपति था।

शतपथ ब्राह्मण (7/5/2/32) में अश्वमुखी मानव शरीर वाले किन्नर का उल्लेख है। मानसार में किन्नर के गरूड़मुखी, मानवशरीरी और पशुपदी रूप का वर्णन है।

किन्नरों के इतिहास पर अनेक तथ्य विभिन्न ग्रंथों में वर्णित हैं किंतु उनकी प्रमाणिकता और लोकप्रियता पौराणिक ग्रंथों के आधार पर ही सिद्ध होती है।

महाकवि भारवि ने अपने प्रसिद्ध ग्रन्थ किरातार्जुनीय महाकाव्य के हिमालय वर्णन खण्ड (पांचवा सर्ग, श्लोक 17) में किन्नर, गन्धर्व, यक्ष तथा अप्सराओं आदि देव - योनियों के किन्नर देश में निवास होने का वर्णन किया है। मत्स्यपुराण में हिमवान पर्वत तो वायुपुराण में महानील पर्वत पर किन्नरों का निवास बताया गया है। हिमाचल की कथाओं के अनुसार वहाँ रहने वाली जातियों को आज भी किन्नर माना जाता है। वे अतिथि सेवी, शिक्षित और भद्र हैं। हिमाचल के लोकदेव बाणासुर और हिडिम्बा की संतान के रुप में भी इन्हें देखा जाता है।

कालिदास ने अपने कुमार संभव में उन्हें हिमालय में रहने वाला बताया है। उसमें किन्नरों का मनोहारी वर्णन कुछ इस प्रकार है—

यः पूरयन कीचकरन्द्रगानू दरासुखोत्येन - समीरणेन।
उदगास्यतमिच्छाति किन्नराणां तान- प्रदाचित्वामिवोपगुन्तुम।।

'जहाँ अपने नितम्बों और स्तनों के दुर्वह भार से पीड़त किन्नरियाँ अपनी स्वाभाविक मन्दगति को नहीं त्यागतीं यद्यपि मार्ग, जिस पर शिलाकार हिम जम गया है, उनकी अंगुलियों व एड़ियों को कष्ट दे रहा है।' (प्रथम सर्ग, श्लोक 11, 14) कुमारसंभव नाटक में कालिदास ने शिव की उपासना में किन्नरों द्वारा गाए जाने वाले मंगल गीत का उल्लेख किया है।

मेघदूत में यक्ष ने आषाढ़ के प्रथम मेघ से किन्नरियों के बारे में कहा है–वहाँ हवाओं की झरने से सूखे बांस बजते हैं। किन्नरियां उनके साथ कंठ मिलाती हैं और शिव की त्रिपुर विजय के उपलक्ष्य में झूम झूम कर नृत्य करती, गाती और बजाती हैं। यदि कंदराओं में प्रतिध्वनित तुम्हारा गर्जन मृदंग से निकली ध्वनि की तरह उसमें मिल गया तो शिवपूजन के संगीत का आनंद बढ़ जाएगा। (मेघदूत)

रघुवंश में कालिदास ने राजा अज की पत्नी इंदुमती के कंठ की तुलना किन्नरी से की है।

किन्नरों के निवास के लिए गंधमादन पर्वत का उल्लेख भी अनेक ग्रंथों में आया है। विष्णुपुराण के मत से यह स्थान सुमेरु के दक्षिण में है।

गंधमादन पौराणिक स्थल है जहाँ देवता, ऋषि, सिद्ध, चारण, विद्याधर, गंधर्व, अप्सराएं और किन्नर रमण करते हैं। इसी पर्वत पर ऋषि कश्यप ने भी तपस्या की थी। महाभारत की कथाओं के अनुसार पाण्डव, कुबेर भी गंधमादन पर रहे हैं। स्वर्णनगरी लंका से निष्कासित कुबेर ने गंधमादन पर्वत पर अलकापुरी को अपनी राजधानी बनाया था। इंद्रलोक जाते समय अर्जुन को हिमवत और गंधमादन पर्वत पार करते हुए बताया गया है। भीम और हनुमान का प्रसंग भी गंधमादन पर ही हुआ था। यहीं वृषपर्वन का आश्रम है। मार्कण्डेय ने नारायण के उदर में गंधमादन के दर्शन किए थे। उर्वशी और पुरु का प्रेम भी गंधमादन पर्वत पर ही पल्लवित हुआ।

किन्नरों को शास्त्रों में देवता की भाँति पूजन किए जाने का विधान है किंतु किन्नरों के स्वतंत्र मंदिर नहीं होते। यद्यपि प्राचीन शिवमंदिरों में विशेषकर मंदिरों की भित्ति एवं द्वार पर किन्नर प्रतिमाएं अपने मनोहर नृत्य एवं गान भंगिमाओं के साथ कहीं कहीं शिव भंगिमाओं से मेल खाती हुई अंकित दिखाई देती हैं।

किन्नरों का सम्बन्ध केवल हिन्दू धर्म से ही हो ऐसा नहीं है। बौद्ध साहित्य में किन्नर की कल्पना मानवमुखी पक्षी के रूप में की गई है। चंद्र किन्नर जातक में कथा है - काशी का राजा ब्रह्मदत्त हिमालय भ्रमण के लिए गया था। वहाँ चंद्र किन्नर अपनी भार्या चंदा किन्नरी के साथ नृत्यगान में मग्न था। वह बांसुरी बजा रहा था। किन्नरी पर आसक्त होकर राजा ने किन्नर का वध कर दिया। किन्नरी ने राजा को श्राप दिया—

अपि नूनाहं मरिस्सं न च पनाहं राजपुत्त तव हेस्सं।
तो किं पुरिसं अवधि अनूसकं मटहं कामाहि।।

(हे राजपूत्र! तूने मेरे निर्दोष किन्नर का वध किया है किंतु तू मुझे प्राप्त नहीं कर सकता।) वह किन्नर प्रेमी के लिए प्राण दे देती है। यह कहकर कि गंधमादन पर जब तू नहीं है तो मेरा जीवन भी व्यर्थ है। चन्द किन्नर जातक में बोधिसत्व के हिमालयप्रदेश में किन्नर योनि में जन्म लेने की बात कही गई है। इस ग्रंथ में किन्नर और किन्नरियों पर आधारित अनेक कथाएं वर्णित हैं।

सुत्तपिटक के विमानवत्थु (ईसा पूर्व-2) में लिखा है—"चंद्रभागा नदी तीरे अहोसिं किन्नर तदा" जिससे स्पष्ट है कि पर्वतीय भाग में चिनाव के तट पर उस समय भी किन्नर रहा करते थे।

जातकों में किन्नरों को निर्दोष और हानिरहित बताया गया है, जो पक्षियों की तरह उछलते हैं, संगीत और गाने के शौकीन होते हैं। मादा ढोल बजाती है और नर वीणा बजाता है।

जातक संख्या 481 में ऐसे प्राणियों का वर्णन किया गया है, जिन्हें पकड़कर पिंजरे में रखा जाता था और राजाओं के मनोरंजन के लिए प्रस्तुत किया जाता था। जातक संख्या 504 में एक किन्नर की आत्मकथा मिलती है, जो किन्नर वर्ग को मानव के रूप में वर्णित करती है— जंगली जानवर हमें समझते हैं, शिकारी अभी भी हमें भूत कहते हैं। किन्नर गा सकते हैं, बांसुरी बजा सकते हैं और नृत्य कर सकते हैं।

किन्नर पंडारक, त्रिकुटक, मल्लंगिरी, चंडपब्बत और गंधमादन (जातक संख्या 485) की पहाड़ियों पर भी रहते थे। वे कोमल हृदय वाले थे और जातक संख्या 540 में किन्नरों की कहानी का उल्लेख है जो एक मानव शिशु को पाल रहे हैं जिसके माता-पिता जंगल में चले गए हैं। किन्नरों के वस्त्र प्रायः पुष्पों के, उनका भोजन फूलों के पराग का और उनके सौंदर्य प्रसाधन फूलों के इत्र से बने होते थे।

किन्नरों का सम्बन्ध ईक्ष्वाकु वंश से भी लगाया जाता है। ईक्ष्वाकु सूर्यवंश के प्रतापी राजा थे जिनके वंश में रघु और श्रीराम हुए। सुनक्षत्र के एक पुत्र का नाम किन्नर था। किन्नरों को कुबेर की प्रजा माना जाता है। वे रावण के दरबार में नृत्यगान हेतु उपस्थित रहते थे।

श्रीमदभगवतगीता के शब्दावली पृष्ठ के अनुसार किन्नर शब्द का तात्पर्य एक देवता से है जो संगीत वाद्ययंत्र बजाता है और गंधर्वों के साथ गाता है।

महाकवि बाण के ग्रंथ कादम्बिरी में किन्नरों का परिचय विस्तार से देखने को मिलता है। उनके स्वरूप, निवासक्षेत्र और क्रियाकलापों के वर्णन भी मिलते हैं।

महाकवि बाण ने कादम्बरी में किन्नरों का एक सुंदर रेखाचित्र प्रस्तुत किया है। उज्जयिनी के राजा तारापीड़ का पुत्र चन्द्रपीड़ एक योग्य युवराज था। उसने पृथ्वीमंडल के अनेक राज्यों पर विजय प्राप्त की और किरातों के नगर सुवर्णपुर को जीत लिया। एक दिन अपने प्रिय अश्व इन्द्रायुध पर सवार होकर वे शिकार को निकले तो समीपस्थ पर्वत की चोटी से उतरी हुई एक किन्नर जोड़ी को देखा। वे आखेट खेल रहे थे। उनके मुख अश्व की भाँति थे। ऐसा उसने पहले कभी नहीं देखा था। राजकुमार चन्द्रपीड़ की इच्छा हुई कि उस किन्नरी जोड़े को पकड़ा जाए। 15 योजन की दूरी तक उसने पीछा किया किंतु वह किन्नर जोड़ी तेजी से पर्वत की चोटी पर पहुँचकर दृष्टि से ओझल हो गई।

तत्वार्थ सूत्र नामक जैन धर्मग्रंथ में गंधर्व तथा किन्नरों का स्थान व्यन्तर अर्थात देवलोक में बताया गया है। भरहुत की मूर्ति शिल्प में गंधर्व किन्नर और यक्षों की प्रतिमाएँ हैं। हाथीगुम्फा शिलालेख पहली शताब्दी के आसपास का है। इस लेख के अनुसार गंधर्व, किन्नर, यक्ष एवं अप्सराएं संगीत विद्या में पारंगत थे। मानसार ग्रंथ के 58 अध्याय में यक्षु विद्याधरादि लक्षणम् में गंधर्व, किन्नर और यक्ष को गीत, वीणावादन और नृत्य में रत बताया गया है। अमरावती और नागार्जुन कोंडा के स्तूपों पर गंधर्व की आकृतियां है। यहां यक्ष और किन्नर की आकृतियां भी मिलती हैं। महाभारत में किन्नरों को यक्षों के साथ पुलत्स्य की संतान माना गया है। आरण्यक पर्व के अध्याय 6 में गंधर्वों के सहकर्मी के रूप में किन्नरों का उल्लेख है।

यक्ष यक्षिणी, किन्नर, किन्नरियां तथा गंधर्वों की प्रतिमाएं भी प्राचीन मूर्ति कला में अंकित की जाती हैं भास के नाटकों में किन्नरों का वर्णन है। वेद कालीन संगीत के विवरण में यक्ष, गंधर्व एवं किन्नरों का अंतर्भाव दिव्य योनि जाति में है। अमरकोश में भी गंधर्व किन्नर और यक्षों को दिव्ययोनिज कहा गया है। किन्नर नृत्य विद्या में कुशल है।

किन्नरों गंधर्व और अप्सराओं को संगीत की शिक्षा नारद जी ने दी। शिव प्रदोष स्त्रोत में वर्णन है कि तीनों लोक की मातृशक्ति गौरी को सिंहासन पर उपनीत कराकर शूलपाणि शिव ने

नृत्य करने की इच्छा प्रकट की। सरस्वती ने वीणा, इंद्र ने वंशी और ब्रह्मा ने करताल बजाना आरंभ किया। लक्ष्मी ने गायन किया और विष्णु जी मृदंग बजाने लगे। इस नृत्य एवं संगीत के उत्सव को देखने के लिए गंधर्व, यक्ष, किन्नर, विद्याधर, अप्सराएं एवं समस्त देवता उपस्थित हुए।

भीम ने शांतिपर्व में वर्णन किया है कि किन्नर बहुत सदाचारी होते हैं। चाणक्य ने अपने महत्वपूर्ण ग्रंथ अर्थशास्त्र में किन्नरों की चर्चा की है।

किन्नरों का इतिहास पौराणिक दृष्टि से वैविध्यपूर्ण है। विद्वानों ने नर, वानर, किन्नर जातियों के परस्पर संबंधों और भेद की अनेक तरह से विवेचना और व्याख्या की है।

किन्नर और किन्नरी के भेद को अनेक ग्रंथों में विशेष रुप से वर्णित किया गया है।

अप्सराओं की तरह किन्नरियों की साधना भी मंत्रों के द्वारा की जाती है।

मंजुघोष किन्नरी - दिव्य रसायन व ऐश्वर्यप्रदायी।

ॐ मंजुघोष आगच्छागच्छ स्वाहा।

मनोहारिणी किन्नरी-शिखर पर बैठकर इनकी साधना की जाती है। ये भार्या की भाँति समस्त मनोकामनाएं पूर्ण करती हैं।

ॐ मनोहार्ये स्वाहा।

शुभग किन्नरी - उज्जट पर्वत शिखर पर चंदन मिले जल से अर्ध्य देना होता है।

ॐसुभगे स्वाहा।

विशाल नेत्र किन्नरी – नदी के एकांत तट पर इनकी साधना की जाती है।

ॐ विशालनेत्रे स्वाहा।

सुरतप्रिय किन्नरी-नदी के संगम पर इनकी साधना होती है। ये वस्त्रालंकार तथा स्वर्ण प्रदान करती हैं।

ॐ सुरतप्रिये स्वाहा

अश्वमुखी किन्नरी-उज्जट पर्वत शिखर पर साधना से प्रसन्न होने वाली तथा कामभोग ऐश्वर्य धन, स्वर्ण प्रदान करने वाली हैं।

ॐ अश्वमुखि स्वाहा।

दिवाकरमुखी किन्नरी —निर्जन पर्वत शिखर पर इनकी साधना की जाती है। भोग तथा ऐश्वर्य प्रदायी।

ॐ दिवाकरमुखि स्वाहा।

मंगला किन्नरी नितांत एकांत में नदी के संगम अथवा तट पर इनकी साधना की जाती है। ये इच्छा बताने पर कार्य पूर्ण करती हैं।

ॐ मंगला किन्नरी स्वाहा।

पन्नवनसूत्र के अनुसार वाणव्यन्तरों के किन्नर आदि आठ भेद हैं।

किन्नरों के दस भेद हैं— 1. किन्नर, 2. किम्पुरुष, 3. किम्पुरुषोत्तम, 4. किन्नरोत्तम, 5. हृयंगम, 6. रुपशाली, 7. अनिन्दित, 8. मनोरम, 9. रतिप्रिय, 10. रतिश्रेष्ठ।

उपदेवता

भारतीय वांग्मय में नाग, यक्ष, विद्याधर, गंधर्व, सुपर्ण, कुम्भाण्ड, लोकपाल, अप्सराएं और किन्नरों को उपदेवता माना गया है।

यक्ष

गोपद ब्राह्मण और तैत्तरीय आरण्यक में यह अवधारणा प्रकट की गई है कि मनुष्य तप करने से यक्ष बन सकता है। कुबेर को यक्षों का राजा कहा गया है। कुबेर की भक्ति से शिवजी इतने प्रसन्न हुए कि उन्हें देवताओं के धनभंडार का अधिपति बना दिया और कैलाश के निकट ही अलकापुरी में रहने को स्थान दिया। वेदों में जिस तरह इनका लेख है, उससे यह अनुमान लगाना सहज है कि यक्षपूजन वैदिककाल के पूर्व से ही प्रचलन में है। कवि कल्हण की राजतरंगिणी के अनुसार यक्ष काश्मीर के सीमांत मेरु के दक्षिण तथा कैलाश के पश्चिम में उत्तरपश्चिमी सीमा के निवासी थे। अशोक एवं आम्र के वृक्षों को भी यक्षों के रहने का स्थान कहा गया है।

ऋग्वेद के समय तक यक्षों का अस्तित्व रहस्यमय प्राणियों तक सीमित था किंतु कालांतर में लोकगाथाओं के माध्यम से कुछ प्रमुख यक्षों को देवता का स्थान प्राप्त हुआ और वे पूजनीय हो गए। ऋग्वेद में यक्ष के सुंदर स्वरूप का वर्णन है—

अत्यासो न ये मरुतः स्वचो यक्षदृशो न शुभयन्त मर्याः।
ते हर्म्येष्ठा शिशवो न शुभ्रा वत्सासो न प्रकीलिन पयोधाः।।

(7/56/16)

अर्थववेद के वृष्टिसूक्त में अग्नि, वनस्पति, औषधि, इंद्र, बृहस्पति, सूर्य, वरुण आदि देव प्रजातियों के साथ यक्ष, गंधर्व, तथा अप्सराओं का उल्लेख भी है। अथर्ववेद में अमृत से घिरी हुई ब्रम्हपुरी और उसमें रहने वाले महाकाय यक्ष का वर्णन आया है। गोपथ ब्राह्मण और तैतरीय ब्राह्मण में यह भावना व्यक्त की गई है कि मनुष्य तप से यक्ष हो सकता है। शतपथ ब्राह्मण के अनुसार कुबेर वैश्रवण राजा है और यक्ष उसकी प्रजा है (13-4-3-10) आरण्यक ग्रंथों, बृहदारण्यक में यक्षराज को ब्रह्मा के समान कहा गया है। (5/4)

यक्ष के निवास को ब्रह्मपुर तथा अपराजितापुरी भी कहा गया है। उपनिषदों और महाभारत में यक्ष को ब्रह्म के समतुल्य संबोधन भी मिला है।

पाली साहित्य में चार दिशाओं के रक्षक चार लोकपाल चार महाराज (चत्तारोमहाराजानो)

के नाम से वर्णित हैं। ये चारों महाराज यक्ष रूप में ही संपूजित होते हैं। पाणिनी ने सेवल, सुपर और विशाल इन तीन यक्षों के नाम का उल्लेख किया है।

जैनमत के अंतर्गत 24 तीर्थंकरों, 24 अलग–अलग यक्ष-यक्षिणियों का उल्लेख हुआ है। णायाधम्मकहा (ज्ञाताधर्मकथा) में जक्खजत्ता (यक्षयात्रा) का वर्णन आया है किंतु आरंभिक जैन ग्रंथों, आगम साहित्य, कल्पसूत्र एवं पउमचरिउ में यक्षों का उल्लेख प्राप्त नहीं होता है।

वांग्मय में अनेक यक्षों की चर्चा आती है जिनकी कथाएं प्रसिद्ध हैं। पाटलिपुत्र का यक्ष-भूतमुख, भण्डीर - ब्रज का यक्ष, भाट, सुरम्बर, मेखला उत्तरभारत की यक्षी, सूर्यभानु - कुबेर के द्वार के रक्षकों का अधियक्ष, सुकेतु ताटका का पिता, लहुराबीर- छोटा यक्ष, यक्षभद्र आदि। यक्षों की उपस्थिति श्रीमदभागवत श्रीमदभागवत (3/19-21) में भी बताई गई है। बौद्धग्रंथ सुत्तनिपात, मिलिन्दपंह गणित, महामायूरी ग्रंथ आदि ग्रंथों में भी विभिन्न लोकदेवताओं के साथ यक्षों का उल्लेख मिलता है।

महाकवि कालिदास के मेघदूत में यक्ष एक प्रेमी के रूप में सामने आता है।

कहीं-कहीं यक्ष और देवों को एक दूसरे का पूरक भी बताया गया है। किंतु पश्चात यक्षों का स्थान हीनतर माना जाकर उनकी गणना भूत, पिशाच, किन्नर, राक्षस, गंधर्व, यातुधान, नाग, दानव आदि की सूची में की जाने लगी।

उपनिषद की एक कथा अनुसार एक यक्ष ने ही अग्नि, इंद्र, वरुण और वायु का घमंड चूर-चूर कर दिया था। यक्ष, गंधर्व और अप्सराएं देवताओं की इतर श्रेणी में माने गए हैं।

शास्त्रों में गोमुख, महाकक्ष, त्रिमुख, यक्षेश्वर, दंढपाणि, किन्नर, गंधर्व, कुबेर और वरुण सहित 24 यक्षों का वर्णन मिलता है वहीं विचित्रा, विभ्रमा, भीषणी, विशाला, महाभया, शंखिनी, मेखला, लक्ष्मी, मालिनी, कामेश्वरी, कपालिनी, भामिनी, पद्मिनी आदि 36 प्रकार की यक्षिणियों का उल्लेख मिलता है।

यक्ष का शाब्दिक अर्थ होता है - जादू की शक्ति। देवताओं के बाद यक्षों को ही देवीय शक्ति सम्पन्न माना गया है। मान्यता है कि यक्षिणियां सकारात्मक शक्तियां हैं तो पिशाचनियां नकारात्मक। बहुत से लोग यक्षिणियों को भी किसी भूत-प्रेतनी की तरह मानते हैं, लेकिन यह सच नहीं है।

रावण के सौतेला भाई कुबेर एक यक्ष था, जबकि रावण एक राक्षस। महर्षि पुलस्त्य के पुत्र विश्रवा की दो पत्नियां थीं- इलविला और कैकसी। इलविला से कुबेर और कैकसी से रावण, विभीषण, कुंभकर्ण और शूर्पणखा का जन्म हुआ। इलविला यक्ष जाति से थी तो कैकसी राक्षस।

गंधर्व और यक्ष जातियां देवताओं की ओर थीं तो राक्षस, दानव आदि जातियां दैत्यों की ओर।

यक्ष को प्राय: जल के समीप का देवता भी माना गया है। महाभारत में युधिष्ठिर और तालाब के रक्षक यक्ष का संवाद तो आज भी अत्यंत प्रसिद्ध है। यक्ष युधिष्ठिर संवाद के कई श्लोक वही हैं जो यजुर्वेद के ब्रह्मोद सूक्त में आए हैं।

महाभारत के आदिपर्व में यक्षों को पुलस्त्य ऋषि की संतान माना गया है। पांडव भीम ने यक्ष और राक्षसों को पराजित किया था। (60/57-58 वनपर्व)

भागवतपुराण (7/8/38) के अनुसार देवों के साथ यक्ष भी श्रीकृष्ण को देखने के लिए आए थे। ब्रह्माजी ने यक्षों का आधिपत्य शूलपरणि को दिया था। (मत्स्यपुराण 8/5) यक्ष स्वभाव से कृपण होते हैं इस सम्बन्ध में कहा गया है कि जो धन का उपयोग अन्य अधिकारियों को न देकर स्वयं ही करता है वह यक्ष के समान धन की रखवाली करने वाला कृपण ही है। (भागवत 3/23/24)

यक्षपूजा नागपूजा की तरह ही आज भी लोकप्रिय है। वाराणसी में पारंपरिक स्रोत बताते हैं कि शिवपूजा के पूर्व यक्षपूजा ही यहां प्रचलन में थी।

हेनरिक जिमर ने अजंता में कुछ यक्षों का उल्लेख किया है। गुफा नं. 9 में यक्ष और नाग का अंकन देखा जा सकता है। इण्डोग्रीक राजा पेन्टलिआन और अगाथेक्लीज के सिक्कों पर लम्बा कर्णकुंडल धारणकर नृत्य करती स्त्री की पहचान श्रीलक्ष्मी के रूप में की गई है। किंतु कुछ विद्वान इसे अश्वमुखी यक्षी मानते हैं।

यक्षों के चित्र मूर्तियां आज भी अनेकानेक रहस्यों से जुड़े हैं। उन्हें रूपसौंदर्य एवं अदभुत शक्तिसम्पन्न माना गया है। यक्षों के विविध स्वरूपों का वर्णन मिलता है। एक स्वरूप लोकमंगलकारी मनोहर रूप में है तो दूसरे में बड़ी बड़ी आंखें, विवृत मुख, बड़े पैर तथा भयंकर देहधारी बताया गया है। स्त्रियों में ताटका जैसी मायाविनी स्त्रियों को यक्षिणी कहा गया है। यक्षों की मूर्तियों में अनेक भेद हैं। प्राय: मूर्ति गोलाकार हैं किन्तु खड़ी मूर्तियों में सिर पर पगड़ी, गले में चादर, कमर में बंधी हुई धोती दिखाई देती है। गले में कंठा, कुण्डल, भुजबंध तथा हार द्वारा यक्ष प्रतिमा अलंकृत है। पेट का आकार सामान्य से बड़ा है।

नाग

सिंधु घाटी की सभ्यता की खुदाई में मानव और नाग के चित्रों का मिलना इस बात का प्रमाण है कि नागजाति का इतिहास भी मानव जाति से कम पुराना नहीं है। नाग जातियों के अध्ययन के लिए ऋग्वेद ही आरंभिक सूत्र है। अथर्ववेद में भी नाग मंत्रों की चर्चा मिलती है।

अनादिकाल से ही किन्नर, गंधर्व और यक्षों के याथ नाग जाति की चर्चा देवी-देवताओं के साथ वर्णित है। ऋग्वेद में इंद्र वृत्र युद्ध में वृत्र को अहि कहा गया है। इससे यह अनुमान भी लगाया जाता है कि वृत्र नागों का अधिपति था जिसका आधिपत्य सप्तसिंधु में था। आर्यों ने उसे असुर कहकर पुकारा। उसका जलस्त्रोतों पर अधिकार था अत: इंद्र को उससे युद्ध करना पड़ा।

जैन, बौद्ध देवताओं के सिर पर भी शेष छत्र होता है। जातक कथाओं में भी नाग जाति के संदर्भ भरे पड़े हैं। गौतम बुद्ध के बोधिसम्प्राप्ति के समय उत्थित तूफान में नागराज मुचिलिन्द ने उनकी रक्षा की।

गीता में कृष्ण ने कहा है–सर्पाणामस्मि वासुकि: अनन्तश्चास्मि नागानां।

(10-28,29)

अर्थात–सभी सर्पों (रेंगनेवालों) में वासुकि नामक सर्प मैं हूँ। नागों अर्थात विलक्षण सर्पों में शेषनाग हूँ। भागवत में इंद्र द्वारा आस्तीक की पूजा का वर्णन है। भागवत में कालिय की कथा बहुत चर्चित है। कालिय की शक्ति का विस्तार था और उसके आतंक से प्रजा पीड़ित थी। कृष्ण ने कालिया का अंत किया। अर्जुन का एक विवाह नागराजा वासुकि की कन्या उलूपी के साथ हुआ था जिसका पुत्र अरावन किन्नर जाति के देवता के रूप में पूजित हैं।

रामायण में सुरसा एक महत्वपूर्ण पात्र है। सुरसा को नागों की माता कहा गया है। स्कंदपुराण में उल्लेख है कि—

नागमाता च सुरसा मदर्थं भवता जिता।
छायाग्रहां महाळूराम वधीद्राक्षसीं भवान।।

(स्कंदपुराण खंड 3 ब्रह्मखंड - सेतुखंड अध्याय 46)

महेंद्र और मैनाक पर्वत की गुफाओं में भी नागजाति का निवास था। हनुमान द्वारा समुद्र लाँधने की घटना को नागों ने प्रत्यक्ष देखा था। नागों की स्त्रियाँ अपनी सुंदरता के लिए प्रसिद्ध थीं। रावण ने कई नागकन्याओं का अपहरण किया था। उसने नागों की राजधानी भोगवती नगरी पर आक्रमण करके वासुकि, तक्षक, शंक और जटी नामक प्रमुख नागों को परास्त किया था। रामायण में नागपाश की भी चर्चा मिलती है।

रामायण में भोगवती नामक नगरी में नागों के आधिपत्य का लेख है। इस नगर पर रावण ने विजय प्राप्त की थी। नागराज तक्षक की राजधानी तक्षशिला होने के अनेक प्रमाण महाभारत एवं अन्य पुराणों में मिलते हैं। राजा जनमेजय ने अपने पिता राजा परीक्षित की मृत्यु का बदला लेने के लिए तक्षक नाग से युद्ध किया तथा तक्षशिला पर आक्रमण किया था उन्होंने नाग जाति के संहार की प्रतिज्ञा की थी किंतु आस्तीक मुनि के आदेश पर उन्होंने नागयज्ञ पूर्ण नहीं किया।

नाग लोगों के बारे में यह भी धारणा है कि वे पाताल लोक के निवासी थे इसीलिए नागवानी को पातालवानी भी कहा गया है। मध्यकाल के कथाख्यानों में नाग जाति के पुरुषों और विशेषकर नागकन्याओं के साथ असंख्य कथाएं वर्णित हैं।

पश्चिम और दक्षिण भारत के बहुत से छोटे-छोटे राजा अपने को नागों का वंशज बताते हैं। नाग मूलतः मनुष्य की ही एक जाति का नाम है। यह सर्प का पर्याय नहीं है। प्राचीन ग्रंथों में जो कथाएं मिलती हैं, उनके आधार पर यह अनुमान लगाया जा सकता है कि नाग एक अनार्य जाति थी। असम की खासी और नाग जाति का निश्चय ही इनसे सम्बन्ध रहा होगा। महाराष्ट्र में नागपुर का नाम भी नाग जाति से ही जुड़ा हुआ है। निकोबार द्वीप को नागद्वीप भी कहा जाता है। (गरुड़ पुराण : एक अध्ययन डॉ० अवध बिहारी लाल अवस्थी - पृ० 10)

हिमालय क्षेत्र में रतगॉव में भेकलनाग, तलोर में उनगरनाग, मरगॉव में वनपुरनाग, जेलम में लोहम्बियानाग तथा नागनाथ में पुष्करनाग नाग जातियों के अस्तित्व की कथा कहते हैं। हिमालय का यह भाग नागों से सम्बन्धित है। इधर असम, नागालैंड, मणिपुर, केरल और आंध्र प्रदेश में नागा जातियों का वर्चस्व रहा है। काश्मीर में नागपूजा की परम्परा आज भी जीवंत है। नागों का भगवान शिव के साथ अटूट सम्बन्ध है।

गंधर्व

गंधर्वों का एक व्यापक संसार है। गंधर्व सभी लोक में भ्रमण कर सकने वाले उपदेवता के रुप में माने जाते हैं। ये उपदेवता श्रेणी के आकाशीय देव हैं। ये गायन, वादन तथा नृत्य में पारंगत होते हैं। पुराणों में कश्यप और अरिष्टा की संतान को गंधर्व कहा गया है। गंधर्वों के राजा का नाम पंचशिखा है। वे पीतवर्णी हैं तथा वीणावादन में निपुण हैं।

ऋग्वेद में सूक्त 10/10/4 के अनुसार दिव्य गंधर्व और जल में रहने वाली अप्सरा को मनुष्य का आदि पूर्वज कहा गया है। गंधर्व को आकाश में या उच्च स्थानों पर रहने वाला माना गया है। (ऋग्वेद-10/139/5)

यह एक प्रेमी है जिसे देखकर अप्सराएं मुस्कुराती हैं। ऋग्वेद - 10/123/5)

अथर्ववेद में इनका आवास द्युलोक में बताया गया है। देवों के कृपापात्र गंधर्वों के साथ रहते हैं। (अथर्ववेद - 2/2/1-2)

गंधर्वों के मुख से देवगण अपने पेय का पान करते हैं।

(अथर्ववेद - 7/73/3)

गंधर्वों को कभी-कभी जल के साथ सम्बन्ध किया गया है। जल में स्थित गंधर्व और जलीय दिव्यांगना को क्रमश: यम और यमी का मातापिता कहा गया है। (अथर्ववेद - 10/10/4)

अप्सराओं के साथ रहने वाले गंधर्वों को जल में रहने वाला बताया गया है। (अथर्ववेद-2/2/3)

गंधर्व वायु केशी हैं (अथर्ववेद- 3/38/6)

गंधर्वों के पास प्रदीप्त आयुध हैं। (ऋग्वेद - 10/123/7)

अथर्ववेद में इन्हें अति लोमश अर्थात अर्धपशु कहा गया है।

(अथर्ववेद-4/37)

ऋग्वेद में गंधर्व शब्द बीस बार आया है जिसमें से तीन स्थलों पर यह बहुवचन के रूप (गंधर्वों) में है जबकि अथर्ववेद में बत्तीस बार यह शब्द मिलता है।

मानसार ने गंधर्व प्रतिमा की विशेषताओं के बारे में लिखा है।

नृतं वा वैष्णव वापि वैशाखं स्थानकंतु वा।
गीतावीणा विधानैश्च गंधर्वाश्चेति कथ्यते।।

सायण ने गंधर्व को गानुदकं धारयतीति गंधर्वोमेध कहा है।

शतपथ ब्राह्मण-(13/4/3/7-8) में गंधर्वों को अत्यधिक सुंदर कहा गया है।

गंधर्व उज्जवल और दिव्य प्राणी थे जिनको कहीं-कहीं अपनी प्रेमिका अप्सराओं के साथ जल में रहने वाला माना गया है। कई विद्वान गंधर्वों को वायवीय आत्माएं मानते हैं तो कुछ इन्हें इंद्रधनुष का चंद्रमा के एक दिव्य पुरुष का, सोम का, उदित होते सूर्य का प्रतीक भी मानते हैं। वेदों में गंधर्वों को स्वर्ग का रहस्य जानने वाला तथा सत्य का समर्थक माना गया है। ऋग्वेद के अनुसार गंधर्व वायुकेश, मधुरभाषी बताए गए हैं। विवाहसूक्त में नवदम्पति को गंधर्वों का

आशीर्वाद अत्यंत शुभ कहा गया है। अग्निपुराण में गंधर्वों के 11 गण हैं। विष्णुपुराण के अनुसार गंधर्व ब्रह्मा जी के पुत्र हैं। इनका निवास आकाश है। गंधर्वों के प्रधान का नाम चित्ररथ है तथा सबकी पत्नियां अप्सराएं हैं।

जैनधर्म में तीर्थकर कुंथनाथ का नाम गंधर्व के साथ भी मिलता है। गंधर्वराज पुष्पदंत इंद्र की सभा के गायक थे। गंधर्वों के स्वामी वरुण हैं। इंद्र इनसे लड़कर सोम छीनते हैं तथा मनुष्यों को देते हैं। ये रोग की चिकित्सा करने वाले, सोम की रक्षा करने वाले तथा सूर्य के अश्ववाहक हैं।

नाग और गंधर्वों में निकट सम्बन्ध रहे हैं। विष्णुपुराण की यह कथा बहुत रोचक है कि गंधर्वों ने जब पाताल के नागों से युद्ध करके उनका अनंत धन तथा नगर छीन लिया था तब नागों की प्रार्थना पर विष्णु ने पुरुकुत्स रूप में जन्म लेकर रक्षा का वचन दिया। और इसके बाद नागों ने अपनी बहन नर्मदा के साथ पाताललोक जाकर गंधर्वों को हराया था।

रामायण में कबंध विश्ववसु एक गंधर्व था। वह आकाशीय संगीतकार था। इंद्र और अष्टावक्र ऋषि के श्राप से वह विकराल, भयानक मांसाहारी राक्षस बन गया था। राम और लक्ष्मण ने वन में उसका उद्धार किया। रामायण में गंधर्वों को गायक बताया गया है।

गगन बिमल संकुल सुर जूथा। गावहिं गुन गंधर्व बरुथा।
नभ दुंदुभी बाजहिं बिपुल गंधर्व किन्नर गावहिं।

वाल्मीकि रामायण के अनुसार गंधर्वराज शैलुष की तीन करोड़ संतान थीं। जो महान पराक्रमी, युद्धकला में कुशल और अस्त्र शस्त्र सम्पन्न थीं। वे अपने पराक्रम से गंधर्व और सिन्धु देश की रक्षा करते थे। (वा रा उत्तरकांड - सर्ग 100)

कालिदास के ग्रंथ रघुवंश के अनुसार भरत के मामा युधाजीत के कहने पर राम ने भरत को सिन्धु देश का राजा बना दिया। भरत ने सिन्धु गंधर्व को जीतकर उनके हाथों से अस्त्र छीनकर केवल वीणा ही रहने दिया। भरत ने तीन करोड़ गंधर्वों का संहार कर इस गंधर्व देश में अपने दोनों पुत्रों को राज्य सौंपा।

महाभारत में अर्जुन गंधर्वों से अस्त्र शस्त्र प्राप्त करते हैं। चित्रसेन 27 गंधर्वों और अप्सराओं के साथ युधिष्ठिर की सभा में आए थे। अर्जुन ने उनसे संगीत सीखा था। कीचक का वध एक गंधर्व द्वारा ही हुआ है। अंगारपर्व में चित्ररथ ने अनेक गंधर्वों के नाम बताए हैं। विष्णुधर्मोत्तर पुराण में गंधर्व शिखर से शोभित तथा मुकुटहीन हैं। गंधर्व विवाह की चर्चा भी बहुत मिलती है। कहा जाता है कि पंचकन्या मदोदरी से रावण ने गंधर्व विवाह ही किया था।

अध्यात्म रामायण में गन्धर्व राम की स्तुति करते हुए अपना परिचय इस प्रकार देते हैं

वयं संगीतनिपुणा गायन्तस्तै कथामृतम्।
आनन्दामृत सन्दोहं युक्ताः पूर्णा स्थिराः पुराः।।

(अध्यात्म रामायण 3/15/68)

गंधर्वों का रुपवान होना भी अत्यंत प्रसिद्ध है।

विद्याधर — प्राचीन काल में विद्याधरों को अंतरिक्ष जादूगर या रहस्यमय जीव के रूप में देखा जा सकता है। रघुवंश के अनुसार विद्याधर हिमालय की पहाड़ियों पर गंगा उदगम क्षेत्र के निकट निवास करते थे। यह प्रजाति बहुत-सी विद्याओं में दक्ष थी। वे रूप बदल सकते थे। अदृश्य हो सकते थे, आकाश में उड़ सकते थे। वे अनेक प्रकार की माया रचने वाले होते थे। महाभारत के वनपर्व में विद्याधरों को गंधमादन पर्वत के उच्चशिखर पर गंधर्व, किन्नर और नागों के साथ निवास करते हुए बताया गया है। इसी पर्व में अर्षिषेण युधिष्ठिर को कहते हैं कि यहाँ विद्याधरों के गण भी सुन्दर फूलों के हार पहने हुए अत्यंत मनोहर दिखाई दे रहे हैं। रामायण में हनुमानजी लंका में प्रवेश करते समय महेन्द्रपर्वत पर सिद्ध, विद्याधर तथा किन्नरों को क्रीड़ा करते हुए देखते हैं। प्राचीन चित्रकला में विद्याधरों को उड़ते हुए बताया गया है। वे माला पहने हुए तथा आकाश से पुष्पवर्षा करने वाले देव के रुप में वर्णित हैं। गंधर्व और विद्याधरों के युद्ध को देखने के लिए ब्रह्मा और चन्द्रदेव भी आते थे। रघुवंश में राजा दिलीप द्वारा अपने गुरु की गाय नन्दिनी की रक्षा के लिए अपना सर्वस्व अर्पण कर देने पर विद्याधरों द्वारा पुष्पवर्षा करने का उल्लेख मिलता है। यह वर्ग सुशिक्षित था। कालिदास ने विद्याधर सुन्दरियों द्वारा भोजपत्र पर प्रेमपत्र लिखने का उल्लेख किया है।

जैन तथा बौद्धग्रंथों में कई बार विद्याधरों की भूमिका नकारात्मक बताई गई है। विश्रवावसु एक विद्याधर था। तैत्तरीयसंहिता में विश्रवावसु गंधर्वों का राजा कहा गया है। वह वैदिक सूक्तदृष्टा ऋषि था तथा कश्यप और प्राद्या का पुत्र था। मेनका और विश्रवावसु की कन्या प्रमद्वरा हुई।

गंधर्वों और अप्सराओं ने जब पृथ्वी दोहन किया तो इसे बछड़ा बनाया गया था। (भागवतपुराण 4/8/7) इंद्र और नमुचि के युद्ध में यह इंद्र पक्ष से लड़ा था। शांतिपर्व के अनुसार

याज्ञवल्क्य से इसका शास्त्रार्थ हुआ था। ब्रहमांडपुराण (3/66/23) की कथा के अनुसार विश्रवावसु ही उर्वशी को स्वर्गलोक वापस ले गया था। यही विश्रवावसु रामायण काल में एक श्राप के कारण कबंध नामक राक्षस हुआ और रामलक्ष्मण के द्वारा मारा गया।

विद्याधरों को वायु की आत्माएं कहा जाता है। वे प्राय: यक्षों एवं किन्नरों के साथ पर्वतों में रहते थे।

अप्सराएं

अप्सराएं समस्त प्रजातियों में सुन्दर मानी गई हैं। उनके विवाह प्राय: गंधर्वों के साथ होते हैं। वे इन्द्रलोक में नृत्यांगनाएं हैं। सूर्य के रथ के आगे चलने वाली अप्सराएं ही हैं।

ऋग्वेद में अप्सराओं का पाँच बार उल्लेख आया है। उच्चतम द्युलोक में अप्सराएं अपने प्रेमी गंधर्वों को देखकर मुस्कुरातीं हैं। (ऋग्वेद - 10/123/5)

वशिष्ठ अप्सरा से ही उत्पन्न हुए थे। (ऋग्वेद-7/33/12)

समुद्र की अप्सराओं का सोम की ओर बहते हुए वर्णन किया गया है।

(ऋग्वेद-9/78/3)

अर्ध-दिव्य, भक्ति - सम्पन्न और लम्बे केशों वाले तपस्वियों को अप्सराओं और गंधर्वों के पथ पर विचरण कर सकने की क्षमता से युक्त बताया गया है।

(ऋग्वेद - 10/136/6)

गंधर्वों का जल में रहने वाली पत्नी 'अप्या योशा' का आशय भी अप्सराओं से ही है। (ऋग्वेद - 10/10/4)

अथर्ववेद में अवश्य ही अप्सराओं के सम्बन्ध में अपेक्षाकृत अधिक उल्लेख हुआ है। अप्सराओं को स्पष्ट रूप से गंधर्वों की पत्नियाँ कहा गया है।

(अथर्ववेद-2/2/5)

उर्वशी को वेदों में अप्सरा कहा गया है-

"उर्वशी च पूर्व चित्तिश्चाप्सरसो:।" यजुर्वेद - 15/15/19

अप्सरा शब्द की व्युत्पत्ति है —

अप्सु सरन्तीति अप्सरा:। (अथर्ववेद - 2/2/1)

इनका आवास जल में स्थित है, जहाँ से वे किसी भी क्षण आती जाती रहतीं हैं। (अथर्ववेद - 2/2/3)

मनुष्यों के निकट से, नदी में अथवा तट पर चले जाने के लिए इनकी स्तुति की गई है। (अथर्ववेद - 4/37/3)

विश्वावसु देवी के साथ रहने वाली देवी का बादलों, बिजली और तारों से सम्बद्ध होने का वर्णन मिलता है। (अथर्ववेद - 2/2/4)

वृक्षों के नीचे से गुजरती बारातों को आर्शीवाद देने का अनुरोध अप्सराओं तथा गंधर्वों से किया गया है। (अथर्ववेद-14/2/9)

अप्सराओं को पांसे का खेल अत्यंत प्रिय है। (अथर्ववेद - 2 /2/5)

ऋग्वेद में केवल एक ही अप्सरा का नाम के साथ उल्लेख है- उर्वशी। एक मंत्र में वशिष्ठ को उर्वशी से उत्पन्न और दूसरे मंत्र में एक अप्सरा से उत्पन्न बताया गया है। (अथर्ववेद-7/33/11-12)

ऋग्वेद में जहाँ उर्वशी को अप्सरा कहा गया है और अप्सराओं को गंधर्वों की पत्नी कहा गया है वहीं पुरु को परवर्ती ग्रंथों में गंधर्व बनते दिखाया गया है। उर्वशी के कहने पर पुरु ने गंधर्वों से स्वयं गंधर्व बन जाने का वरदान भी प्राप्त कर लिया। पुरु के गंधर्व बनने की चर्चा कृष्ण यजुर्वेद से संबंद्ध काठक में की गई है।

कहते हैं कि इन्द्र ने 108 ऋचाओं की रचना कर अप्सराओं को प्रकट किया। वेद और पुराणों की गाथाओं में उर्वशी, मेनका, रम्भा, घृताची, तिलोत्तमा, कुंडा आदि अप्सराओं की चर्चा मिलती है। सभी अप्सराओं की विचित्र कहानियां हैं। माना जाता है कि ये अप्सराएं गंधर्व लोक में रहती थीं। ये देवलोक में नृत्य और संगीत के माध्यम से देवताओं का मनोरंजन करती थीं।

उर्वशी और शिखण्डिनी अप्सराएं है जिन्हें ऋषित्व ही नहीं, देवत्व भी प्राप्त हुआ।

व्यतंर देव

जैनागम के सिद्धांतकोश के अनुसार भूत पिशाच जाति के देवों को व्यंतर देव कहा गया है। इनमें राक्षस, यक्ष, गंधर्व, मनोरग, किंपुरुष तथा किन्नर भी सम्मिलित हैं।

व्यन्तर किन्नरकिंपुरुषमहोरगगन्धर्व—पिशाचा। जैनमत के अनुसार पिशाच, भूत, यक्ष, राक्षस, किन्नर, किंपुरुष, महोरग (नाग) और गंधर्वों को व्यंतर देवताओं की श्रेणी में रखा गया है।

किन्नरों का अपना संसार है जिसमें उनके भी वर्गभेद हैं। इन्हें निम्नलिखित वर्गों में विभाजित किया जा सकता है —

1- बुचरा—ये जन्म से ही न तो स्त्री होते हैं और न ही पुरुष। इन्हें वास्तविक हिजड़ा माना जाता है।

2- नीलिमा–ये किसी कारणवश हिजड़ा बन जाते हैं। (ऐसा माना जाता है कि यदि इस वर्ग को चिकित्सा मिल जाए तो इनके पास स्त्री या पुरुष बनने का विकल्प होता है।

3- मनसा–ये मानसिक रूप से स्वयं को स्त्रियों के अधिक निकट महसूस करते हैं।

4- हंसा–ये शारीरिक रूप से अक्षम होकर या नपुंसकता के कारण हिजड़े बन जाते है।

5- अबुआ–ये नकली हिजड़े होते हैं और बहुरूपिया बनकर, धन के लोभ में अथवा अन्य किसी कारण से हिजड़े बनकर रहते हैं। वास्तव में ये सामान्य पुरुषों की भाँति ही होते हैं। इन्हें छिबरा भी कहते हैं।

6- छिबरा-पारिवारिक रंजिश अथवा अन्य किसी शत्रुता के कारण बालकों को जबरन हिजड़ा बनाया जाता है।

दानव – ये दनु की संतान थे और राक्षस से अलग थे। रामायण में अनेक स्थानों पर वर्णन है कि रावण ने अनेक बार दैत्यों और दानवों को पराजित किया था। इंद्रजीत का वध होने पर दानवों के हर्षित होने से इस बात की पुष्टि होती है।

शुद्धा आपो नभश्चैव जहृषुर्देवदानवाः।
ऊचुश्च सहितास्तुष्टा देवगन्धर्वदानवाः।
विज्वराः शान्तकलुषा ब्राह्मणा विचरन्त्विति। (7/9/88)

(इंद्रजीत के धराशायी होने पर देवता और दानव हर्ष से खिल उठे और गंधर्वों सहित बोले–अब ब्राह्मण लोग निश्चिन्त एवं क्लेशशून्य होकर सर्वत्र विचरें।)

इनका शरीर दैत्यों की तरह विकराल था तथा इनका निवास सागर के द्वीपों, वनप्रदेशों तथा पाताल में था।

दैत्य — दैत्य दिति और कश्यप के पुत्र थे। वीर, पराक्रमी और युद्धकला में प्रवीण थे। मणिमयपुरी तथा अश्मकपुरी इनकी प्रसिद्ध राजधानी थीं। (वा रा 7/23/5,17) देवासुर संग्राम में इन्होंने अमृत पाने के लिए राक्षसों का सहयोग किया था। (वा रा 1/45/15)

राक्षस — राक्षस एक अनार्य जाति है। कालिदास ने निशाचर, यातुधान, दैत्य, असुर इत्यादि नामों से इनकी चर्चा की है। इनका देवताओं तथा यक्षों से रक्त सम्बन्ध था। किंतु परस्पर बैरभाव होने के कारण आपस में युद्ध भी होते थे। रामायण में राक्षसों तथा यक्षों की उत्पत्ति एक साथ होने का संकेत मिलता है। (वा रा 7/4/10) रावण और कुबेर के पूर्व राक्षसों की निवासस्थली लंका ही थी। इस जाति के लोग प्रायः काले, भीमकाय तथा नरभक्षी होते थे। वे पुरुष भी थे। ताटका, कबंध, अयोमुखी आदि राक्षसों का अत्यंत ही विकराल एवं भयानक रुप रामकथा में वर्णित है। वाल्मीकि ने इन्हें ऋषिमुनियों का चिरशत्रु, वैदिक कार्यों में बाधा पहुँचाने वाला तथा अमर्यादित बताया है। उनकी सभ्यता अपेक्षाकृत परिष्कृत थी तथापि वे स्वेच्छाचारी और देवताओं के स्वाभाविक शत्रु थे।

किंपुरुष उन प्राणियों को कहा गया है जिनके सिर सिंह के समान थे किन्तु शरीर मानव का था।

पुराणों में किन्नर

पुराणों में किन्नरों को दैवीगायक कहा गया है। उनकी श्रेणी उपदेवता की है। वे कश्यप की सन्तान हैं। किन्नरों के आधुनिक संदर्भों के साथ इसे जोड़ा जाए तो हिमालय के बहुत बड़े क्षेत्रों पर इनका अधिकार था। किन्नौर के गेजेटियर में किन्नरों का विस्तार से ऐतिहासिक और सांस्कृतिक उल्लेख किया गया है। किन्नरों के अस्तित्व एवं उपस्थिति का वर्णन तो समस्त वांग्मय में मिलता है किन्तु हमारे पुराणों में उनके वैभव की कथा बिखरी पड़ी है।

शिवपुराण

शंकरः पुरुषाः सर्वे स्त्रियः सर्वा महेश्वरी।

अर्थात समस्त पुरुष भगवान सदाशिव के अंश और समस्त स्त्रियां भगवती शिवा की अंशभूता हैं। उन्हीं भगवान अर्द्धनारीश्वर से यह सम्पूर्ण चराचरजगत व्याप्त है। शिवपुराण में वर्णित है कि शिव विवाह के समय ब्रह्माजी ने यह शुभवचन कहे - हे सदाशिव! आप विष्णु सहित समाज के सभी ऋषि, इंद्र, यक्ष, गंधर्व, किन्नर, सिद्ध, विद्याधर आदि को आदरपूर्वक यहां बुलाइए। वे सब आपके कार्य सिद्ध करेंगे, इसमें संदेह नहीं है।

एतांश्चान्यान्प्रभो सर्वानानयस्वेह सादरम्।
सर्वे संसाधभिष्यन्ति त्वत्कार्यं थे न संशयः।।

(शिवमहापुराण - पार्वतीखण्ड – 36-32)

शिवपुराण के अन्तर्गत चतुर्थ कोटिरुद्रसंहिता में महाबलेश्वर शिवलिंग के महात्म्यवर्णन में अध्याय 8 में उल्लेख है कि किन्नर उपदेवता हैं।

ब्रह्मवैवर्तपुराण

ब्रह्मवैवर्तपुराण में लेख है कि भगवान परशुराम जब कैलाश गए तो वहाँ उन्होंने शिवजी के भव्य भवन के दर्शन किए। रत्नजटित द्वार मणि की वेदियों और मणियां से युक्त स्तम्भ थे। दक्षिण भाग में नंदी, बाएं भाग में सिंह और नंदीश्वर महाकाल, विरुपाक्ष, निकटोदर, भयंकर काल भैरव, महाभैरव और रुद्रभैरव थे। यहॉ रुद्रगण, भूतप्रेत, पिशाच, दानव, बेताल, यक्ष और किन्नर भी थे। जब कार्तिकेय शिवधाम में प्रविष्ठ हुए तो शिवादि के साथ किन्नरों ने भी कार्तिकेय का स्वागत किया।

स्कंदपुराण

समस्त देवता, यक्ष, किन्नर अनियंत्रित एवं पतित हो रहे थे तब शिवपुत्र स्कंद ने जन्म लिया। स्कंदकुमार ने देवसेना के अधिपति के रूप में कार्य निर्वहन किया और गंधर्व, नाग, यक्ष, किन्नरों को अनुशासित भी किया।

स्कंदपुराण के कुमारिका खंड में गर्भ में रहने वाले बच्चे के नपुंसक होने की बात कही गई है। वाम भाग में स्त्री और दांयी ओर पुरुष।

देवासुर संग्राम में पराजित होने पर समस्त देवता जब ब्रह्माजी के पास गए तो ब्रह्माजी ने उन्हें हरिहर रुप की कथा सुनाई। इसमें विष्णु और शिव दोनों एक ही शरीर में स्वयं को स्थापित करते हैं। आधे भाग में सारे लक्षणों के साथ विष्णु और आधे भाग में शिव स्थित होते हैं।

देवशयनी ग्यारस से देवउठनी ग्यारस तक विष्णु शिव को सम्पूर्ण जगत की सत्ता सौंपकर क्षीरसागर में विश्राम करने जाते हैं। बैकुंठ चतुर्दशी कातिक मास के शुक्ल पक्ष में बैकुंठ चतुर्दशी पर शिवजी यह सत्ता पुन: विष्णु जी को सौंप देते हैं।

स्कंद पुराण के साथ ही यह प्रसंग पद्मपुराण तथा विष्णुधर्मोत्तर पुराण में भी मिलता है।

नारदपुराण

नारदपुराण में किन्नरों को तीर्थयात्रा एवं त्रिवेणी स्नान के लिए आतुर बताया गया है। माघ मकर के स्नान की महिमा और प्रयाग के भिन्न-भिन्न तीर्थों का माहात्मय वर्णन करते हुए पुरोहित वसु मोहिनी से कहते हैं – त्रिवेणी संगम पर माघ मास के स्नान देवताओं को भी दुर्लभ हैं। पृथ्वी पर जितने भी तीर्थ और पुण्यपुरियां हैं वे मकर राशि पर सूर्य के रहते हुए माघ मास में त्रिवेणी स्नान के लिए आते हैं। प्रयाग को इसीलिए तीर्थराज कहा गया है। ब्रह्मा विष्णु महादेव सहित समस्त

देवादि यहाॅ इस समय अवश्य आते हैं। किन्नरों का आगमन भी इस समय होता है। सतयुग में जो तीर्थ प्रत्यक्ष यहाॅ आते थे अब रुप बदलकर छिपे - छिपे आते हैं।

श्रीमद्भागवत पुराण

श्रीमद्भागवत पुराण के अनुसार अश्वमुखी किन्नर होते हैं और मानवमुखी किंपुरुष। वस्तुतः किंपुरुष किन्नरों की ही एक प्रजाति है। भास्कर्यकला में मनुष्यमुखी किन्नरों की बहुत-सी प्रतिमाएं मथुरा संग्रहालय में संगृहीत हैं।

वशिष्ठ जी अपने तप से इला को सुद्युम्न रुप में बदल देते हैं। सुद्युम्न भटकते हुए पार्वती द्वारा आरक्षित वनप्रदेश में पहुँच गया था। उस वन में पहुँचने वाला प्रत्येक मनुष्य स्त्री हो जाता था क्योंकि वह पार्वती का रमण क्षेत्र था। सुद्युम्न भी स्त्री रूप में बदल गया। इला रुप में उसका बुध से परिणय हुआ और अपने गर्भ से उसने पुरु को जन्म दिया। जब उसे पूर्वजन्म का वृत्त स्मरण में आया तो उसने कुलगुरु वशिष्ठजी से पुरुषत्व वापसी के लिए प्रार्थना की। वशिष्ठजी ने शिव से प्रार्थना की और उसे आशीर्वाद दिया कि वह एक माह तक स्त्री और एक माह तक पुरुष रहेगा। अन्ततः जगदम्बा के आशीर्वाद से उसे सुद्युम्न रुप प्राप्त हुआ।

कुछ ऐसी ही कथा श्रीमद्भागवत पुराण के प्रथमखंड में विष्णु के मोहिनी स्वरुप की है।

समुद्रमंथन में समुद्र से अमृत प्रकट होता है जिसे प्राप्त करने के लिए सुर-असुर में विवाद होता है। समाधान करने के लिए विष्णु मोहिनी रूप धारित करते हैं। इसी कथा का अंश है कि मोहिनी के रूप को देखकर महादेव मोहित हो जाते हैं। ऐसी भी कथा मिलती है कि अयप्पा शिव और मोहिनी के पुत्र हुए। केरल के सबरीमाला में इनका मंदिर है। शिव और हरि का पुत्र होने के कारण इन्हें हरिहरपुत्र भी कहा गया है।

श्रीमदभागवतपुराण में ब्रह्माजी के सृष्टि गणनाक्रम में एक वर्ष का नाम किंपुरुष वर्ष रखा गया है।

किम्पुरुषे वर्षे भगवन्तमादिपुरुष।
लक्ष्मणाग्रज सीताभिरामं तच्चरणसंनिकर्शाभिरतः
परमभागवतो हनुमान सह किंपुरुषैः अविरतभक्तिरुपास्ते।।

(1–5, पंचम स्कन्ध, अध्याय 19)

(लक्ष्मण जी के बड़े भाई आदिपुरुष सीता हृदयाभिराम श्रीराम के चरणों के सानिध्य के रसिक परम भागवत हनुमान जी अन्य किन्नरों सहित अविचल भक्ति से उनकी उपासना करते हैं।) इसका तात्पर्य यह भी है कि स्वयं हनुमानजी इन किन्नरों के सानिध्य में रहे हैं।

भागवत के तृतीय स्कन्ध के अध्याय 20 में किन्नरों की उत्पत्ति का संकेत मिलता है।

स किन्नरान् किम्पुरुषान्, प्रयात्म्येनासृजत्प्रभुः।
मनयन्नरात्मना त्मानमात्माभासं विलोकयन्।।

ब्रह्माजी ने अपने प्रतिबिम्ब से किन्नर और किम्पुरुष उत्पन्न किए। ब्रह्माजी के त्याग देने पर उनका यह प्रतिबिम्ब शरीर ग्रहण किया इसलिए ये सब उस काल में अपनी सहभागिनों के साथ मिलकर ब्रह्मा जी के गुणकर्मादि का गान करते हैं।

भागवतपुराण के अनुसार कैलाश में भ्रमण करते ब्रह्मा की छाया से किन्नरों की उत्पत्ति हुई। कामरु को किन्नरों की पुरानी राजधानी माना जाता है।

भागवत पुराण में नरसिंह अवतार के समय किन्नरों का संवाद अत्यंत महत्वपूर्ण है। किंपुरुष लोक के वासियों ने कहा–हम क्षुद्र जीव हैं और आप परम नियामक महापुरुष हैं। अतः हम आपकी समुचित स्तुति कैसे कर सकते हैं? जब भक्तों ने दुखी होकर इस असुर का तिरस्कार कर दिया तो आपने इसका वध कर दिया।

श्री किंपुरुषा ऊचुः

वयं किंम्पुरुषास्त्वं तु महापुरुष ईश्वर अय कुपुरुषो नष्टो धिक्कृतः साधुभिर्यदा (7/8/53)

किन्नरों ने कहा– हे परम नियन्ता, हम आपके सतत सेवक हैं। लेकिन आपकी सेवा में युक्त न होकर हम सभी इस असुर की बंगार में लगाए गए थे। अब आपने इस पापी का वध कर दिया है। अतः हे नृसिंहदेव, हम आपको सादर नमस्कार करते हैं।

श्री किन्नरा ऊचुः

व्यमीश किन्नरगणास्तवानुगा दितिजेन विष्टिममुनानुकारिताः।
भवता हरे स वृजिनोअवसादितो नरसिंहनाथ विभवाय नो भव।।
(भागवतपुराण 7/8/55)

श्रीमद्‌भागवत में किन्नरों की उपस्थिति अनेक स्थलों पर परिलक्षित होती है।

पितरः सर्वगंधर्वा विद्याधर महोरगाः।
चारणयक्षरक्षांसि किन्नराप्सरसो द्विजाः।।
द्रष्टुकामा भगवतो निर्वाणं परमोत्सुका :।
गायन्तश्च गृणन्तश्च सौरेः कर्माणि जन्म च।।

शुकदेव मुनि राजा परीक्षित से कहते हैं कि भगवान कृष्ण के प्रस्थान को देखने की उत्कंठा से किन्नरादि देव उपस्थित हुए।

श्रीमद्‌भागवत के सप्तम स्कंध के आठवें अध्याय में नरसिंह भगवान द्वारा हिरण्याक्ष के वध का प्रसंग है। सारे देवता इस अवसर पर वहाँ उपस्थित हुए जिनमें किन्नर भी थे। उन्होंने नरसिंह देव की स्तुति भी की -

मनवः प्रजानापतयो गंधर्वाप्सराचारणाः।
किंपुरुषास्तात वैतालाः सिद्धकिन्नराः।।
ते विष्णु पार्षदा : सर्वे सुनंदकुमुदादय :
मूर्ध्नि बद्धांजलिपुटा आसीन तीव्रतेजसम।
(7/8/39)

यशोदा के गर्भ से उत्पन्न होने वाली देवी ने कंस के हाथ से छूटकर कंस को मारने वाले के जन्म की जब सूचना दी तब उस सिद्ध, चारण, गंधर्व, अप्सरा, किन्नर और नागों ने बड़ी भेंट देकर स्तुति की —

सिद्धचारणगंधवैरप्सरः किन्नरोरगै।
उपहतो:बलिभिः स्तूयमाने दमब्रवीत (10/411)

श्रीमद्‌भागवत में ब्रह्मा के तमोमय शरीर से यक्ष एवं राक्षस की उत्पत्ति बताई गई है। यक्ष एवं राक्षस भूख से व्याकुल होकर ब्रह्माजी को ही खाने को दौड़े। इस बात पर उनके दो समूह हो गए। एक कहता था कि इन्हें खा लिया जाए। दूसरा उनकी रक्षा को उद्यत था। ब्रह्माजी ने कहा जिन्होंने मुझे जक्षवतम (खा जाओ) कहा है वे यक्ष और जिन्होंने मारक्षत कहा वे राक्षस कहलाएंगे। पश्चात ब्रह्माजी ने अपने प्रतिबिम्ब से किंपुरुषों की रचना की। वे किन्नर और किंपुरुष प्रातः ब्रह्माजी का एक साथ गुणगान करते हैं।

स किन्नरान किंपुरुषान प्रत्यात्मयेना सृजत्प्रभुः।
मनयन्नात्मनानमात्मा भासं विलोकयन।
ते तु तज्जगृहू रुपं त्यक्तं यत्परमेष्ठिना।
मिथुनी भूय गायन्तस्तमेवोष्सयि कर्मभिः (3/20/46)

भागवत महापुराण में किन्नरों की सप्तऋषियों के शिष्यों के रुप में प्रशंसा की गई है। सप्तऋषि किन्नरों को सनातनधर्म की शिक्षा देते हैं।

(भागवत महापुराण 11/14)

किन्नरों के एक समूह द्वारा कृष्ण को देखने जाने के लिए द्वारका की यात्रा का वर्णन भी भागवत महापुराण में है। (11/6/3)

ब्रह्मपुराण

ब्रह्मपुराण में शिवपार्वती विवाह के प्रसंग में ब्रह्माजी कहते हैं कि गिरिराज हिमवान से विवाह में सम्मिलित होने का आमंत्रण पाकर मैं भी अन्य देवताओं के साथ वहाँ उपस्थित हुआ। मेरे साथ सिद्ध, योगी, इंद्र विवस्वान, कृतांत यम, वायु, अग्नि, कुबेर, चंद्रमा, दोनों अश्विनीकुमार तथा अन्यान्य देवता गंधर्व, यक्ष, नाग और किन्नर भी मनोहर वेश धारण करके उपस्थित हुए थे। (ब्रह्मपुराण - 20)

विष्णुधर्मोत्तरपुराण

विष्णुधर्मोत्तरपुराण के अनुसार किन्नर मूर्ति के निर्माण में उनकी गायन एवं वाद्यरत भंगिमा का ध्यान अवश्य रखा जाना चाहिए। किंपुरुष और किन्नर में विष्णुधर्मोत्तर पुराण कोई भेद नहीं करता। उसके अनुसार किन्नर या तो मनुष्य का सिर, अश्व की देह अथवा अश्व का सिर और मनुष्य की देह रखते हैं।

गणेशपुराण

गणेश पुराण एक अर्वाचीन पुराण है। इसमें कथा है - हिरण्यकशिपु द्वारा अविजित रहने एवं मृत्यु पर विजय की कामना हेतु तपस्या की जाती है किंतु यह तपस्या शिवजी को प्रसन्न करने हेतु थी। हिरण्यकशिपु को किन्नरों से भी मृत्यु का भय था। तभी तो वह कहता है कि हमारी मृत्यु किन्नरों से न हो।

वृणतस्तौवरान्देवादमृतिं यक्षरक्षसः।
किन्नरैर्मानुषश्रेष्ठैः पिशाचैश्चारणादिभिः।।

(22/29 - क्रीड़ाखण्ड, श्रीगणेशपुराण)

मार्कण्डेयपुराण

मार्कण्डेयपुराण में महिषासुर की सेना के वध का एक प्रसंग है। देवताओं के तेज से देवी का प्रादुर्भाव होता है।

विष्णु और शिव के समक्ष देव महिषासुर के अत्याचारों का वर्णन करते हैं। कहते हैं कि महिष समस्त देवताओं (सूर्य, इंद्र, अग्नि, वायु, चंद्र, यम, वरुण आदि) के अधिकारों को

छीनकर स्वयं अधिष्ठाता बन गया है और समस्त देवताओं को स्वर्ग से निकाल रहा है। तब अत्यंत क्रोधरूप में चक्रपाणि विष्णु के मुख से एक महान तेज प्रकट हुआ। शिव, ब्रह्मा और इंद्र आदि के शरीर से भी तेज निकला। सारा तेज मिलकर एक जाज्वल्यमान पिंड में बदला और देखते ही देखते नारी रूप में परिणित हो गया। तीनों लोक प्रदीप्त हो उठे। शिव के तेज से देवी का मुख, यमराज के तेज से सिर के बाल, विष्णु के तेज से भुजाएं, चंद्र के तेज से दोनों स्तन, इंद्र के तेज से कटि प्रदेश का प्रादुर्भाव हुआ। यह दुर्गा का स्वरुप था।

इस प्रसंग को अन्य देवों के साथ में किन्नरों ने भी देखा।

वायुपुराण

वायुपुराण के अनुसार किन्नर अश्वमुखों के पुत्र थे। उनके अनेक गण थे और वे गायन और नृत्य में पारंगत थे। यूँ तो समस्त आर्यक्षेत्र की उपत्यकाओं में उनका निवास बताया गया है किन्तु हिमालय में स्थित अनेक स्थानों पर उनका मुख्य निवास था। उनका अपना साम्राज्य था। वहाँ की प्रजा बड़ी प्रसन्न तथा समृद्धशाली थी। इन राज्यों के अधिपति राजा द्रुम, सुग्रीव, सैन्य, भगदत आदि थे जो बहुत शक्तिशाली माने जाते थे।

वायु पुराण के अनुसार गायन गंधर्वों का तथा नृत्य किन्नरों एवं अप्सराओं का व्यवसाय रहा। सरस्वती की विशेष कृपा इन पर रही है। जब किन्नर नृत्य करते हैं तो वीणा, वेणु, पणव, पुष्कर, मृदंग, दुंदुभी, शंख आदि नानाविध वाद्यों का वादन किया जाता है।

श्रीवन वन 800 मील चौड़ा और 2400 मील लंबा है। इसमें चार मील ऊंचे हजारों विशाल वृक्ष हैं, जिनके बड़े तने और एक हजार विस्तृत शाखाएं और शीर्ष हैं। भूमि अमृत के समान सुगन्धित फलों से अटी पड़ी है, जो युद्ध के नगाड़ों के समान विशाल हैं, कुछ सुनहरे, कुछ हरे, कुछ पीले, कुछ सफेद, सभी नीचे गिर रहे हैं और बिखर रहे हैं... श्रीवन वन में गंधर्व, किन्नर, यक्ष और महान नाग निवास करते हैं। यह हमेशा सिद्धों से भरा रहता है जो बिल्व फलों पर निर्वाह करते हैं। उस वन में जीवों के विभिन्न समूह हमेशा निवास करते हैं। उस वन में, देवी लक्ष्मी स्वयं सशरीर रूप में निवास करती हैं। सिद्धों के समूह उन्हें प्रणाम करते हैं। जारुधि पर्वत के उत्तरी भाग में...कई चोटियों से संपन्न, सिद्धों और साधुओं का निवास, यक्ष, किन्नर, गंधर्व, नाग, राक्षस और दैत्यों के नगर हैं जो सैकड़ों और हजारों की संख्या में रहते हैं। बर्फ के रहस्यमय विस्तार को घेरने वाली झीलों और उपवनों की वह भूमि उस आसपास के क्षेत्र में कहीं सुपक्ष नाम का एक स्वतंत्र उत्कृष्ट पर्वत है। इस पर्वत पर वैवस्वत, सोम, वायु और नागधिप के चार भवन हैं। अपने-अपने स्थानों पर, ये संबंधित देवता गंधर्वों, किन्नरों, यक्षों, नागों, उत्कृष्ट विद्याधरों और सिद्धों द्वारा बहुत पूजे जाते हैं। वायु पुराण में चार बार महानिला पहाड़ियों में रहने वाले किन्नरों का उल्लेख है, जहाँ वास्तव में घोड़े के सिर वाले किन्नरों के पंद्रह नगर हैं।

हरिवंश पुराण

हरिवंश पुराण में किन्नरों का उल्लेख बहुत विस्तार एवं विशेषताओं के साथ मिलता है। किन्नरियों को फूलों तथा पत्तों से श्रृंगार करते हुए बताया गया है। किन्नरों को उनके आचार

व्यवहार से प्राय: अबला रूप में पहचाना जाता है जो मात्र सांकेतिक विद्या एवं शास्त्रों में पारंगत थे। किंतु उनकी वीरता की कथा हिरण्यकशिपु के भय में स्पष्ट दिखाई देती है।

कठिन तपस्या कर अभिजित एवं मृत्यु पर विजय पाने के उद्देश्य से वह ब्रह्माजी से वरदान प्राप्त करता है कि मुझे देवता, असुर, गंधर्व, यक्ष, किन्नर, नाग, राक्षस, मनुष्य अथवा पिशाच इनमें से कोई भी किसी भी तरह मार न सके। ऋषिगण क्रुद्ध होकर अभिशप्त न करें। न अस्त्र से, न शस्त्र से, न पर्वत से, न वृक्ष से, न सूखे से, न गीले पदार्थ से, न दिन में, न रात में, न किसी आयुध से मेरी मृत्यु हो। मैं ही सूर्य, चन्द्र, वायु, अग्नि, जल, आकाश, नक्षत्र, दशों दिशाओं, काम-क्रोध, वरुण, यम, कुबेर, यक्ष और किम्पुरुषों का अधीश्वर हो जाऊँ।

हिरण्यकशिपु के वध हेतु प्रभु को नरसिंह अवतार लेना पड़ा। हिरण्यकशिपु का किन्नरों से भयभीत होना यह स्पष्ट करता है कि वे अत्यंत वीर थे।

हरिवंशपुराण के अनुसार श्रीकृष्ण की सभा में गंधर्व, किन्नर, सूत, मागध आदि कलाकारों को सम्मानीय स्थान प्राप्त था।

मत्स्यपुराण

मत्स्यपुराण के प्रयाग माहात्म्य वर्णन के प्रसंग में वहाँ के विविध तीर्थों के अन्तर्गत किन्नरों की चर्चा आती है। मत्स्यपुराण में बताया गया है कि वहाँ स्नान करने से अश्वमेध यज्ञ के फल की प्राप्ति होती है। जो मनुष्य पुण्यप्रद उर्वशीरमण तथा विशाल हंसपाण्डुर नामक तीर्थों में अपने प्राणों का परित्याग करता है वह स्वर्गलोक में सदा उर्वशी को देखता रहता है। ऋषि, गंधर्व और किन्नर उसकी पूजा करते हैं।

सेव्यते पितृभिः साधे स्वर्गलोके नराधिप।
उर्वशी तुम सदा पश्येत स्वर्गलोके नरोत्तम।
पूज्यते सत पुत्र ऋषि गंधर्व किन्नरैः। (मत्स्यपुराण 106/136)

मत्स्य पुराण में बताया गया है कि शिव, विष्णु एवं ब्रह्मा आदि देवों की प्रतिमाओं के साथ गंधर्व, किन्नर, यक्ष एवं अप्सराओं की मूर्तियों का निर्माण किया जाना आवश्यक है। यही कारण है कि प्राचीन मंदिरों की दीवारों एवं शिखर पर किन्नर, गंधर्व, यक्ष एवं अप्सराओं की प्रतिमाएं देखने को मिलती है।

कूर्म पुराण

अंधकासुर देवताओं का शत्रु था। विष्णु ने शिवजी से निवेदन किया कि इस असुर का वध केवल आप ही कर सकते हैं। शिव ने भैरव रूप धारण किया और अंधक दैत्य को त्रिशूल के अग्रभाग पर रखकर नाचने लगे।

अस्तुवन् मुनयः सिद्धा जगुर्गन्धर्वकिन्नराः।
अन्तरिक्षेऽप्सरः संगा नृत्यन्ति स्मः मनोरमाः।।

(कूर्मपुराण-अध्याय 15/186)

किन्नरों ने इस उत्सव पर सहर्ष गान किया। दैत्यराज बलि से वामन रूप में तीनो लोक प्राप्त कर वामन रूप विष्णु जी ने उन्हें इंद्र को सौंप दिया। और बलि को पाताल लोक में रहकर भक्ति मार्ग प्रदान किया। किन्नरों ने महायोगी प्रभु की स्तुति की।

गरुडपुराण

गरुडपुराण में किन्नर नामक एक राजा का नाम आता है। आचार कांड (141) में श्रीहरि ने इक्ष्वाकुवंशी बृहदल के वंश का वर्णन किया है। बृहद्बल से उरुक्षय, उसके बाद शिवयोग, उससे सूर्य, और उसके वत्सव्यूह, उससे सहदेव हुए। उसके बाद बृहदश्च, भनुरथ, प्रतीतक, प्रतीच्य, मनुदेव, सुनक्षत्र, किन्नर और अन्तरिक्षक हुए। एक राजा के रुप में किन्नर का उल्लेख सर्वथा नवीन तथ्य है।

अग्निपुराण

अग्निपुराण में किन्नर मूर्तियों के हाथ में वीणा का होना आवश्यक माना गया है।

(अध्याय - 51)

विष्णुपुराण

विष्णुपुराण में हेमकूट का सम्बन्ध किंपुरुषों से बताया गया है।

हेमकूट मथासाद्य न्याविशत् फाल्गुनस्तथा
हेमकूटं तथावर्ष ददौ किंपुरुषाय स।

(महाभारत- सभापर्व/28/2)

ब्रह्माण्ड महापुराण में कम से कम सात अलग-अलग उल्लेख हैं कि किन्नर अपने पूर्वजों के पितरों की पूजा करते हैं। आकाश में विरज नामक लोक है, वहाँ अग्निष्वात्त नामक पितरों का समूह रहता है, वे सूर्य के समान तेज वाले हैं।

दानव, यक्ष, राक्षस, गंधर्व, किन्नर, भूत, सर्प और पिशाच आदि समूह कल्याण की कामना से इनकी पूजा करते हैं। (ब्रह्मांडपुराण-10/76)

रामकथा में किन्नर

रामकथा में किन्नरों की उपस्थिति आद्यान्त है। यह कथा बहुत प्रसिद्ध है कि वनवास जाते समय श्रीराम ने भरत तथा अयोध्यावासियों की विनय अस्वीकार करते हुए सभी नर-नारियों को अयोध्या वापस लौट जाने को कहा—

'जथा जोगु करि विनय प्रनामा, बिदा किए सब सानुज रामा।।

परन्तु उन्होंने किन्नरों के लिए कुछ नहीं कहा, जबकि वे भी उन्हें मनाने हेतु वहाँ उपस्थित हुए थे। वहॉ उपस्थित सभी किन्नर चौदह वर्षों तक वहीं रुककर राम के आदेश की प्रतीक्षा करते रहे। वनवास से लौटने पर राम ने जब उन किन्नरों का वहीं खड़े देखा तो किन्नरों ने बताया कि जब हम भरत के साथ यहाँ आपको मनाने हेतु आये थे तो आपकी आज्ञा के पालन में सभी स्त्री पुरुष वापस लौट गए थे किन्तु आपने हमसे कुछ भी नहीं कहा।

नारि पुरुष लघु मध्य बड़ेरे, सब सनमानि कृपानिधि फेरे।।

देवादि समूह में सुर, नर, नाग, किन्नरों की उपस्थिति तीनों लोकों का प्रतिनिधित्व करती है। देवता, गंधर्व, यक्ष, किन्नर आदि स्वर्गलोक (आकाशीय), नर मर्त्यलोक (पृथ्वी) तथा नागादि पाताललोक के वासी थे। अप्सराओं, किन्नरों और गंधर्वों के गान में भी एक सूक्ष्म अंतर यहां देखने को मिलता है। अप्सराएं देव समाज के मध्य उनके आदेश पर नृत्य- गान करती हैं। वे देवताओं द्वारा पोषित एवं सेवित हैं। वे नृत्य एवं गायन में प्रवीण हैं।

नाचहिं, गावहिं बिवुध बहूटी।

मंगलगान करने और आशीर्वाद देने वाले किन्नर स्वयं देव हैं। वे किसी के अधीन नहीं और न ही किसी अन्य देव जाति द्वारा सेवित हैं। उनका अपना समाज देवसमूह का अभिन्न अंग है। मंगल गान करने का सर्वप्रथम अधिकार किन्नरों का है। कोई इन्हें देवता कहता है तो कोई उपदेवता।

किन्नरों के निवास तथा उनके आने जाने के मार्गों के बारे में रामकथा में अनेक संकेत मिलते हैं।

रामचरितमानस में किन्नरों का स्मरण बहुत सम्मान के साथ किया गया है। प्राय: उनका उल्लेख शुभ अवसरों पर देवताओं के साथ ही मिलता है किंतु उसमें बहुत से ऐसे भी संकेत मिलते हैं जो उनके जीवन और चरित्र के वैशिष्ट्य को रेखांकित करते हैं। तुलसीदास जी

रामचरित को आरंभ करने के पूर्व ही जिन देवताओं जड़ चेतन को प्रणाम करते हैं उनमें किन्नर भी हैं।

देव दनुज नर नाग खग प्रेत पितर गंधर्ब।
बंदउँ किन्नर रजनिचर कृपा करहु अब सर्ब।। (1/7/4)

सतीप्रसंग में दक्ष ने यज्ञ के लिए समस्त मुनियों एवं देवताओं को आमंत्रित किया। किन्नर वहाँ भी देव समाज के साथ उपस्थित हुए।

किन्नर नाग सिद्ध गंधर्बा, बंधुन्ह समेत चले सुर सर्बा।। (1/61/1)

शिवजी तपस्यारत थे। ऐसे तो वे विवाह करेंगे नहीं, ऐसा विचार मन में लाते हुए देवताओं ने उनकी समाधि को भंग करने के उद्देश्य से कामदेव से प्रार्थना की। कामदेव अभिमान से भरे हुए थे। ऋषि मुनियों की तपस्या को भंग करने में विशेषज्ञ थे। इनका प्राकट्य इतना वशीभूत करने वाला था कि जड़ चेतन सभी मग्न हो गए।

मदन अंध व्याकुल सब लोका। निसि दिनु नहिं अवलोकहिं कोका।।

तीनो लोक के समस्त जीव कामांध हो गए। तुलसीदास जी कहते हैं कि चकवा चकवी रात दिन नहीं देखते थे। देव, दानव, मनुष्य, किन्नर और प्रेत- पिशाच आदि की दशा का वर्णन तो मैं इसलिए नहीं करता कि वे तो सदा काम के ही गुलाम हैं।

देव दनुज नर किन्नर ब्याला, प्रेत पिशाच भूत बेताला।
इन्ह कै दसा न कहेंऊं बखानी, सदा काम के चेरे जानी।। (1/85/6)

किन्नरों का निवास कैलाश पर्वत पर भी है जहाँ वे अन्य देवताओं के साथ समूह सहित रहते हैं। वे सब पुण्यात्मा हैं और महादेव जी की सेवा को तत्पर रहते हैं।

सिद्ध तपोधन जोगिजन सुर किन्नर मुनिबृंद।
बसहिं तहॉ सुकृती सकल सेवहिं सिव सुखकंद।। (1/105)

राजा दिलीप के पुत्र भगीरथ बड़े तपस्वी थे। उन्होंने गंगा को पृथ्वी पर लाने हेतु गोकर्ण तीर्थ पर बड़ी भारी तपस्या 1000 वर्षों तक की। ब्रह्मा जी ने जब वरदान मांगने को कहा तो उन्होंने बड़ी निपुणता चतुराई से सारे मनोरथ एक ही बार में पूर्ण कर लिए। वे बोले —

सगर के सभी (मृत) पुत्रों को मेरे हाथ से गंगा जी का जल प्राप्त हो। मेरे सभी प्रपितामहों को अक्षय स्वर्गलोक मिले। मुझे संतति मिले और इक्ष्वाकु कुल की वंश परंपरा कभी नष्ट न हो।

ब्रह्मा जी ने कहा- ऐसा ही होगा। तुम गंगा को पृथ्वी पर धारित करने के लिए शिवजी को तैयार करो। तब भगीरथ ने एक हजार वर्षों तक शिव उपासना की और प्रसन्न होकर हिमालय की ज्येष्ठ पुत्री गंगा को अपने मस्तक पर धारित किया। गंगा के मन में था कि अपने प्रखर प्रवाह से शंकर जी को साथ लेकर पाताल में घुस जाऊंगी। किंतु शिव उनके अहंकार को समझ गए और उन्हें अपनी जटा में ही रोक लिया। भगीरथ पुनः दुविधा में थे। गंगा अदृश्य थी। उन्होंने पुनः

तपस्या की तब शिवजी ने गंगा को बिंदु सरोवर ले जाकर छोड़ दिया जहाँ उनकी सात धाराएं हो गई। ह्लादिनी, पावनी और नलिनी पूर्व की ओर चली गई तथा सुचक्षु, सीता और महानदी सिंधु पश्चिम की ओर। सातवीं धारा भगीरथ के रथ के पीछे पीछे चलने लगी। गंगावतरण का यह दृश्य अनुपम था। उस समय समस्त देवता, ऋषि, देव, दानव, राक्षस, गंधर्व, यक्ष, नाग, किन्नर, सर्प और अप्सराएं सभी गंगाजी की जलराशि के साथ साथ चल रहे थे।

गंगा को धरती पर लाए तो भी बहुत प्रलय हुआ। मार्ग में राजा जहवु यज्ञ कर रहे थे। गंगा के जल प्रवाह ने उनके यज्ञमंडप को बहा दिया। राजा कुपित हो गए और उन्होंने गंगा का समस्त जल पी लिया। देवताओं आदि ने उनसे विनती की और गंगा को उनकी पुत्री के समान बताया तब जहवु ने अपने कानों के द्वारा गंगा जी को पुनः प्रकट कर दिया। किन्नर इस दृश्य के भी साक्षी रहे।

कथा आती है जब विश्वामित्र विचरण करते हुए वशिष्ठ जी के आश्रम पहुंचे तो देखा वहाँ देवता, दानव, गंधर्व, किन्नर, सिद्धचारण भी निवास करते हैं।

वशिष्ठस्याश्रमपदं नानापुष्पलताद्रुमम्।
नाना मृगगणाकीर्णं सिद्धचारणसेवितम्।
देवदानवगंधर्वैः किनरैरूपशोभितं।। (1/51/23)

राजा दशरथ ने पुत्रेष्टि यज्ञ किया तो अग्निकुंड से प्राजापत्य प्रकट हुए और देवताओं की बनाई हुई खीर राजा को देकर कहा कि इसे खाने से तुम्हारी पत्नियों को पुत्रों की प्राप्ति होगी।

रामायण के अनुसार वानरों का जन्म किन्नरियों से भी हुआ। जब भगवान विष्णु महामनस्वी राजा दशरथ के पुत्रभाव को प्राप्त हो गए तब ब्रह्माजी ने देवताओं से कहा कि तुम सब विष्णुजी के सहायक रूप से ऐसे पुत्रों की सृष्टि करो जो बलवान, इच्छानुसार रूप धारण करने वाले, माया जानने वाले, शूरवीर, वायु के समान वेगशाली, नीतिज्ञ, बुद्धिमान, पराक्रमी, दिव्यशरीरधारी तथा अमृतभोजी देवताओं के समान सब प्रकार की अस्त्रविद्या के गुणों से सम्पन्न हों। प्रधान प्रधान अप्सराओं, गंधर्व स्त्रियों, यक्ष और नागों की कन्याओं, रीछ की स्त्रियों, विद्याधारियों, किन्नरियों तथा वानरियों के गर्भ से वानर रूप में अपने ही समान पराक्रमी पुत्र उत्पन्न करो।

किन्नरीणां च गात्रेशु, वानरीणां तनुषू च।
सृजध्वं हरिरूपेण पुत्रांस्तुल्यपराक्रमान।। (1/17/6)

वानरों की उत्पत्ति नाना भांति हुई। कुछ वानर रीछ जाति की माताओं से तो कुछ किन्नरियों से उत्पन्न हुए। किन्नरियों से उत्पन्न वानरों के संरक्षक भी देवता गण थे। जहाँ-जहाँ विष्णु के रूप में राम जाते हैं, आकाश मार्ग से देवता और किन्नर आदि भी साथ ही होते हैं।

वाल्मीकि रामायण में किन्नरों की उपस्थिति देवतुल्य है। राम और परशुराम के युद्ध को देखने के लिए किन्नर भी समस्त गंधर्व, सिद्ध, चारण, यक्ष, राक्षस और नागों के साथ उपस्थित थे। परशुराम ने अपना विशाल धनुष राम के समक्ष प्रस्तुत करते हुए कहा कि इसे चढ़ाओ। तुममें कितना बल है मैं देखना चाहता हूँ–फिर मैं तुम्हें द्वंद्व युद्ध के लिए आमंत्रित करूंगा। हे राम!

विश्वकर्मा ने जिन दो श्रेष्ठ धनुषों का निर्माण किया उनमें से एक देवताओं ने भगवान शिव को दिया था जिससे उन्होंने त्रिपुर का वध किया था उसी धनुष को तुमने तोड़ा है। दूसरा यह धनुष है जो मेरे हाथों में है - वैष्णव धनुष। इसे देवताओं ने विष्णु को दिया था।

दोनों देवताओं में श्रेष्ठ कौन है? इस बात का निर्णय जब ब्रह्माजी भी न कर सके तो शिव और विष्णु में भीषण युद्ध हुआ। विष्णु ने हुंकार मात्र से शिव के धनुष को शिथिल कर दिया। इस आधार पर इस युद्ध में विष्णु को श्रेष्ठ माना गया। क्रोध में आकर शिव ने अपना धनुष बाण सहित विदेह के राजर्षि देवरात को दे दिया। विष्णु ने भृगुवंशी ऋचीक मुनि को अपना वैष्णव धनुष दे दिया जिसे ऋचीक ने अपने पुत्र जमदग्नि को दे दिया। तपोबल से संपन्न जमदग्नि अस्त्र शस्त्र त्याग कर ध्यानस्थ थे तभी कृतवीर्य कुमार अर्जुन ने उनका वध कर दिया। जिसका प्रतिशोध परशुराम ने क्षत्रियों का अनेक बार वध करके किया। सारी पृथ्वी पर अधिकार करने के पश्चात परशुराम ने महात्मा कश्यप को पृथ्वी दान कर दी। पृथ्वी पर रात्रि में न रहने वाले परशुराम महेंद्र पर्वत पर चले गए। यह वैष्णव धनुष पिता द्वारा ही परशुराम को प्राप्त हुआ था। श्रीराम ने उस वैष्णव धनुष का संधान कर परशुराम के पुण्य का नाश किया। इस दृश्य को ब्रह्मा जी के साथ समस्त देवताओं और किन्नरों ने भी देखा। (1/76/10) संगीत और नृत्य में प्रवीण किन्नरों की प्रशंसा में तुलसीदास जी ने अनेक स्थलों नर किन्नरों की महत्वपूर्ण उपस्थिति को रेखांकित किया है। धनुषभंग प्रसंग के समय सम्पूर्ण वातावरण आनंदित है। आकाश में मानो नगाड़े बज रहे हों। देवांगनाएं नृत्य कर रही थीं और किन्नर रसीले गीत गा रहे थे।

देव बधू नाचहिं कर गाना।
गावहिं किन्नर गीत रसाला।। (1/262/6)

अप्सराओं द्वारा गायन और किन्नरों द्वारा रसीले गीतों का गायन का यह अदभुत दृश्य है। जयमाल के समय किन्नर भी सभी देवों के साथ रामजी और सीताजी को आशीर्वाद दे रहे थे।

सुर किन्नर नर नाग मुनीसा।
जय जय-जय कहीं देहिं असीसा। (1/265/2)

किन्नरों का आवास चित्रकूट में भी था। किन्नरों द्वारा श्रीराम जी को आशीर्वाद दिया जाना स्पष्ट करता है कि किन्नरों का मान देवतुल्य था। जब चित्रकूट में लक्ष्मण, जानकी और प्रभु श्रीराम ने अपना निवास बनाया उस समय देवता, नाग, किन्नर और दिक्पाल चित्रकूट में आए और राम जी ने सबको प्रणाम किया।

अमर नाग किन्नर दिसिपाला। चित्रकूट आए तेहि काला।
राम प्रनामु कीन्ह सब काहू।। (2/134)

भरत जब अपनी सेना और मंत्रियों के साथ चित्रकूट पहुंचे तो वशिष्ठ जी से चर्चा करते हुए उन्होंने कहा कि जैसा भरद्वाज जी ने निर्देशित किया था हम मंदाकिनी के निकट चित्रकूट में आ पहुंचे हैं। उन्होंने शत्रुघ्न से कहा—

किंनराचरितं देशं पश्य शत्रुघ्न पर्वतो। (2/93/11)

शत्रुघ्न देखो! इस पर्वत की उत्पत्यका में जो देश है जहाँ पर किन्नर मिला करते हैं, वही प्रदेश हमारी सेना के घोड़ों से व्याप्त होकर मगरों से भरे हुए समुद्र के समान प्रतीत होता है।

चित्रकूट में किन्नरों की उपस्थिति का स्वयं राम ने भी उल्लेख किया है। चित्रकूट की शोभा से सीताजी का परिचय कराते हुए वे कहते हैं–इन रमणीय शैल शिखरों पर विचरण करते किन्नरों को देखो। इन किन्नरों के खड्ग पेड़ों की डालियों में लटक रहे हैं। इन विद्याधरों की स्त्रियों के मनोरम क्रीड़ास्थलों और वृक्षों की शाखाओं पर रखे उनके सुंदर वस्त्रों को देखो।

शैल प्रस्थेषु रम्येषु पश्येमान् कामहर्षणान।
किंनरान् द्वंद्वशो भद्रे रमनाणान मनस्विनः।।
शाखावसक्तान् खड्गाश्च प्रवराण्यम्बराणि च।
पश्य विद्याधर स्त्रीणां क्रीडोदेशान मनोरमान।। (2/94/11-12)

किन्नरों की उपस्थिति सर्वत्र थी। सीता के अपहरण करने जब रावण इच्छा से चलने वाले रथ में बैठा तो वह रथ स्वर्णरत्नों से सजा हुआ था। उसमें गधे जुते हुए थे और उनके मुख पिशाचों के समान थे। वह समुद्र के किनारे पहुंचा जहाँ अत्यंत नियमित आहार करने वाले बड़े-बड़े महर्षियों, नागों, सुप्रीमों (गरुड़), गंधर्वों और सहस्त्रों किन्नरों की उपस्थिति लक्षित होती थी।

अत्यंत नियताहारैः शोभितं परमर्षिभिः।
नागैः सुपणैर्गंधवैः, किंनरैश्च सहस्त्रशः। (3/35/14)

सीताजी ने स्वर्णमृग प्रसंग में वन में विचरण करते किन्नरों को देखा है।

स्वर्णमृग को देखकर सीता ने राम से उसे प्राप्त करने के लिए इच्छा व्यक्त की और कहा-आर्यपुत्र, हमारे इस आश्रम पर बहुत से पवित्र मृग विचरण करते हैं। सृमर (काली पूंछ वाली चंवरी गाय), चमर(सफेद पूंछ वाली चंवरी गाय) रीछ, चितकबरे मृगों के झुंड, वानर तथा सुंदर रूप वाले महाबली किन्नर भी विचरण करते हैं किंतु यह मृग अद्‌भुत है।

इहाश्रमपदैअस्माकं बहवः पुण्यदर्शनाः।
मृगाश्चरन्ति सहिताश्चमराः सृमरास्तथा
ऋक्षाः पृषतसंगाश्च वानराः किन्नरास्तथा
विहरन्ति महाबाहो रुपश्रेष्ठा महाबलाः।। (3/43/11-12)

किन्नरों की उपस्थिति पंचवटी के आश्रम के निकट भी थी।

सीता के अपहरण के पश्चात राम और लक्ष्मण जब सीता की खोज में निकलते हैं तो उन्हें अनेक स्थानों पर किन्नरों के आवास दिखाई देते हैं। लक्ष्मण कहते हैं कि भैया, हमें इस स्थान में ही माता सीता की खोज करनी चाहिए। यह स्थान दुगम तथा राक्षसों से भरा हुआ है। यहॉ के पर्वतों पर किन्नरों के आवास तथा गंधर्वों के भवन भी हैं।

राक्षसैर्बहुभिः कीर्णं नानाद्रुमलतायुतम्
सन्तीह गिरिदुर्गाणि निर्दराः कन्दराणि च
आवासाः किंनराणां च गन्धर्वभवनाननि च (3/67/6)

पम्पापुर सरोवर के निकट भी किन्नरों की उपस्थिति को राम ने लक्षित किया। उन्होंने लक्ष्मण से कहा - सौमित्रे! देखो पम्पा की विचित्र वनश्रेणियों में इधर उधर किन्नर विचर रहे हैं।

सौमत्रे पश्य पम्पायाश्चित्रासु वनराजिषु।
किंनरा नरशार्दूल विचरन्ति यतस्ततः।। (4/1/61)

वानरों को सीता की खोज के लिए निर्देश देते हुए सुग्रीव ने सुदर्शन सरोवर के निकट भी किन्नरों की उपस्थिति बताई। उन्होंने वानरों से कहा- समुद्र के बीच ऋषभ नामक एक ऊँचा पर्वत है जो श्वेत वर्ण का है उसके ऊपर सुदर्शन नाम का सरोवर है जिसमें चाँदी के समान श्वेत रंग वाले कमल खिलते हैं और राजहंस विचरण करते हैं। वहाँ देवता चारण, यक्ष, किन्नर और अप्सराएं जलविहार के लिए आया करते हैं। (4/40/46)

शतबलि नामक वानर को सुग्रीव ने उत्तर दिशा में सीताजी की खोज के लिए भेजते हुए आदेश दिया।

मयस्य भसवनं तत्र दानवस्य स्वयं कृतम्।
मैनाकस्तु विचेतव्यः सप्तानुप्रस्थकन्दरः।।
स्त्रीणामश्वमुखीनां तु निकेतस्तत्र तत्र तु।
तं देशं समतिर्कम्य आश्रमं सिब्द्धसेवितं।

(उस क्षेत्र में दानव मय का भवन है। वहॉ शिखरयुक्त मैनाकपर्वत समतल मैदानों तथा कन्दराओं से परिपूर्ण है। वहॉ अश्वमुखी स्त्रियां विचरण करती हैं। उस देश में जाकर सीता को खोजना।)

किष्किन्धाकांड में सुग्रीव वैखानस सरोवर के निकट उस क्षेत्र के बारे में वानरों को परिचय देते हैं कि-

गंधर्वाः किन्नराः सिब्द्धाः नागा विद्याधरास्तथा।
तमन्ते सततं तत्र नारीभिर्भास्वरप्रभा :।।

वैखानस सरोवर के पश्चात सूना आकाश दिखाई देगा। यहॉ मेघों की घटाएं नहीं होंगी तथा इस क्षेत्र में शीतोदा नामक नदी प्रवाहित हो रही होगी। शीतोदा के तट पर उत्तर पुरु प्रदेश है। गंधर्व, किन्नर, सिब्द्ध, नाग तथा विद्याधर यहाँ सदैव मधुकंठी नारियों के साथ भ्रमण करते हैं। (शीतोदा नदी को वर्तमान में सतलुज मान जा सकता है।)

किन्नरों की उपस्थिति के अनेक संकेत हनुमानजी की लंका यात्रा के समय भी मिलते हैं। किन्नरों के सपरिवार आवास के बारे में महत्वपूर्ण संकेत सुंदरकांड में मिलता है। हनुमान जी ने लंका जाने के लिए जिस मार्ग का चयन किया वह आकाशमार्ग था जिस पर चारण (देवजाति

विशेष) विचरण करते थे। निकट के पर्वततल में देवोपम यक्ष, किन्नर आदि जो इच्छानुसार रूप भी बदल सकते थे, परिवार सहित निवास करते थे।

कामरूपिभिराविष्टमभीक्ष्णं सपरिच्छदैः।
यक्ष किन्नर गंधर्वैर्देवकल्पैः सपन्नगैः।। (5/1/6)

लंका से लौटते समय हनुमान अरिष्टगिरि पर्वत से प्रस्थान करते हैं। वहाँ भी अनेक महर्षि, यक्ष, गंधर्व, किन्नर और नागों का निवास था।

महर्षियक्ष गंधर्वकिंनरोरगसेवितम्। (5/56/36)

हनुमान के चरणों के दबाव से पर्वत धरती में धँसने लगा तो पर्वत पर रहने वाले किन्नर, नाग, गंधर्व, यक्ष और विद्याधर उस गिरते हुए पर्वत को छोड़कर आकाश में स्थित हो गए।

किंनरोगगंधर्व यक्ष विद्याधरास्तथा
पीड़ितं तं नगवरं त्यक्तवा गगनमा स्थिताः। (5/56/40)

किन्नरों ने राम और मकराक्ष के युद्ध का भी साक्ष्य किया।

मकराक्ष खर का पुत्र था। खर शूर्पणखा का भाई। संयोग ही था जब खर और राम का सामना हुआ तब बहुत से अपशगुन हुए थे। खर और दूषण की सेना का राम ने अकेले ही संहार कर दिया था। रावण के आदेश पर जब मकराक्ष राम लक्ष्मण से युद्ध के लिए निकला तब भी अनेक अपशगुन हुए।

मकराक्ष ने आरंभ में अपने बाणों से वानर सेना को बहुत क्षति पहुँचाई।

मकराक्ष ने फिर राम को द्वंद्वयुद्ध के लिए ललकारा। सबसे कह दिया कि युद्ध हम दो के बीच ही होगा। राम ने मेरे पिता का वध किया है, इसका प्रतिशोध लेना है।

उसने यह भी कहा कि राम! तुम्हें रणभूमि में अस्त्र, गदा अथवा भुजाओं जिससे भी अभ्यास हो उसी तरह युद्ध होगा। राम ने अपने बाणों से मकराक्ष के रथ को छिन्न-भिन्न कर दिया और उसके सभी बाणों को काट दिया तब मकराक्ष ने शिवजी द्वारा प्रदत्त शूल से राम पर आक्रमण किया। राम ने चार बाण मारकर आकाश में ही उस शूल को काट दिया। तब राम ने उस मायाधर मकराक्ष के वध के लिए अपने धनुष पर आग्नेय अस्त्र का संधान किया और उसका वध कर दिया। राम और मकराक्ष के बीच इस महत्वपूर्ण युद्ध को देखने के लिए अंतरिक्ष में देवता, दानव, गंधर्व, नागों के साथ किन्नर भी उपस्थित थे। (6/79/25)

रावण रथ पर था और राम रथहीन। वे किन्नर ही थे जिन्होंने सर्वप्रथम देवताओं और गंधर्वों के सम्मुख यह चिंता व्यक्त की कि यह युद्ध बराबर का नहीं है। इंद्र ने जब किन्नरों के द्वारा इस मंतव्य को जाना तो अपने सारथी मातलि को रथ सहित श्री राम के पास भेजा। इंद्र ने राम को अपना विशाल धनुष, अग्नि के समान तेजस्वी कवच, प्रकाशमान बाण तथा निर्मल शक्ति भी प्रेषित की।

भूमौ स्थितस्य रामस्य रथस्थस्य से रक्षसः।
न हम युद्धमित्याहुर्देवगंधर्व किंनरा।। (6/102/5)

राम और रावण के भीषण युद्ध से सारी पृथ्वी कांप उठी, सूर्य की प्रभा लुप्त हो गई और वायु की गति भी रुक गई। तब गंधर्व, नाग आदि सहित किन्नरों ने चिंता व्यक्त की कि गौ और ब्राह्मणों का कल्याण हो, युद्ध में राम रावण से विजय पावें।

ततो देवाः सगंधर्वाः सिद्धाश्च परमर्षयः।
चिन्तामापेदिरे सर्वे सकिंनरमहोरगाः।।
स्वस्ति गोब्राह्मणेभ्यस्तु लोकास्तिष्ठन्तु शाश्वताः।
ज्यतां राघवः संख्ये रावणं राक्षसेश्वरम् (6/107/48-49)

उत्तरकांड की कथाओं में वर्णित है कि रावण ने ब्रह्मा जी से वरदान पाने के उपरांत अपने भाई कुबेर की राजधानी लंका को प्राप्त करने की मांग की तो पिता विश्रवा ने सारी स्थितियों को समझते हुए कुबेर को कैलाश पर्वत पर दूसरा नगर बसाकर रहने का परामर्श दिया। उन्होंने कहा कि तुम्हारा रावण से बैर उचित नहीं है। कैलाश पर देवता, किन्नर, नागादि निवास करते हैं। तुम वहीं जाकर रहो (7/11/43)

किन्नर संगीत में निपुण थे। जब रावण देवलोक पर आक्रमण करने निकला तो कैलाश पर उसने अपना शिविर लगाया। कुबेर के भवन से गीत-संगीत के स्वर गूंज रहे थे। मधुर कंठ वाले कामार्त किन्नर अपनी कमिनियों के साथ वहाँ रागयुक्त गीत गा रहे थे।

किन्नरा मदनेनार्ता रक्ता मधुरकण्ठिनः।
समं समप्रजगुर्यत्र मनसंतुष्टिविवर्धनम्।। (7/26/7)

माहिष्मती के निकट विंध्य पर्वत पर भी रावण ने किन्नरों को उनकी पत्नियों के साथ क्रीड़ा करते हुए देखा।

देवदानवगंधर्वैः साप्सरोभिः सकिंनरैः।
स्वस्त्रीभिः क्रीडमानेश्च स्वर्गभूतं महोच्छयम्।। (7/31/16)

रावण के राज्य में किन्नरों का विशेष स्थान था। रावण बहुत पराक्रमी था। उसने कुबेर को पराजित कर पुष्पक विमान प्राप्त कर लिया था। खेल-खेल में ही कैलाश पर्वत को उठा लिया था। उसने अपने साम्राज्य का विस्तार करने हेतु अपनी राक्षस सेना को निर्देशित किया था कि ब्राह्मणभोज, यज्ञ, हवन और श्राद्ध, इन सब में बाधा डालो।

द्विजभोजन मख होम सराधा।
सबके जाइ करहु तुम्ह बाधा।।

उसने पुत्र मेघनाद को आदेशित किया कि जो भी देवता अपनी वीरता का अभिमान दिखाता है, उसे युद्ध में जीतकर बांध लाना। रावण के भय से देवताओं ने सुमेरु पर्वत की गुफाओं में

शरण ली। सूर्य, चंद्र, वायु, वरुण, कुबेर, अग्नि, काल, यम, किन्नर, सिद्ध, मनुष्य, देवता, नाग सभी को उसने हठपूर्वक पराजित किया।

किन्नर सिद्ध मनुज सुर नागा।
हठी सबही के पंथहिं लागा।। (1/182/11)

उसने देव, यक्ष, गंधर्व, नर, नाग और किन्नरों की कन्याओं और उत्तम स्त्रियों को अपनी भुजाओं के बल पर जीतकर विवाह किया। रावण की पत्नियों में किन्नरों की कन्याएं भी सम्मिलित थीं।

देव जच्छ गंधर्ब नर किन्नर नाग कुमारि।
जीति बरीं निज बाहुबल, बहु सुंदर बर नारि।। (1/182)

लंका की चोटी पर रावण का महल था। वहाँ नाच गाने का अखाड़ा लगता था। रावण प्राय: वहाँ जाकर बैठ जाता, जहाँ नृत्य में पारंगत अप्सराएं नृत्य करती और करताल, मृदंग और वीणा बजातीं। किन्नर भी रावण की प्रशंसा में सुंदर गायन करते।

बाजहिं, ताल, पखाउज बीना। नृत्य करहिं अप्सरा प्रबीना।
लागे किन्नर गुन गन गावन।

लेकिन किन्नर समाज बहुत दुखी था। रावण ने अनेक किन्नरों को अपने अधीन कर रखा था। बहुत अत्याचार करता था। किन्नरों की कन्याओं को बलात अपहरण कर अपने पास रखता था। वानर सेना को एकत्र कर जब रामजी ने जब लंका की ओर प्रस्थान किया तो सर्वत्र हर्ष था। गंधर्व, किन्नरादि देव बहुत हर्षित हुए कि अब हमारे दुख टल गए।

मन हरष सभ गंधर्व सुर मुनि नाग किन्नर दुख टरे। (5/35/12)

पक्षीराज कागभुशुण्डि ने भी अपने ब्रह्मांड प्रवास पर अनेक स्थानों पर देवादि सभा एवं लोकों में किन्नरों को देखा है जिस से ज्ञात होता है कि किन्नर सर्वत्र व्याप्त एक देवजाति ही थी।

लोक लोक प्रति भिन्न विधाता। भिन्न विष्णु साल मनु दिसित्राता।।
सुर मुनि सिद्ध नाग नर किन्नर। चारि प्रकार जीव सचराचर।
देव दनुज गन नाना जाती। सकल जीव तॅह इन्हीं भाती।

उत्तरकांड में श्रीराम भी अपने भक्तों के लिए सुंदर वचन करते हुए कहते हैं.

पुरुष नपुंसक नारि वा जीव चराचर कोई।
सर्व भाव भज कपट तजि, मोहि परम प्रिय सोई। (7/87)

तीर्थयात्रा एवं धर्मकार्यों में किन्नरों की उपस्थिति को मानस में विशेष रूप से रेखांकित किया गया है। संभवत: यही तथ्य कुंभ में किन्नर अखाड़े की भूमिका के लिए हृदयवान सिद्ध हुए।

किन्नरों द्वारा कुंभ में स्नान की परम्परा के सूत्र रामचरितमानस में मिलते हैं—

माघ मकरगति रवि जब होई, तीरथपतिहिं आव सब कोई।
देव दनुज किन्नर नर श्रेनीं सादर मज्जहिं सकल त्रिवेणी।।

(अर्थात माघ मास में जब सूर्य का स्थान मकर राशि में होता है तब सब तीर्थराज प्रयाग को आते हैं। देवता दैत्य किन्नर और मनुष्यों के समूह सब आदरपूर्वक त्रिवेणी में स्नान करते हैं)

प्रयागराज तीर्थ में स्नान करने के लिए देव समाज विशेष रूप से उपस्थित होता है। स्नान के पश्चात वे अक्षयवट का स्पर्श कर शुभ वचन भी उच्चारित करते हैं। ऐसे समाज में किन्नरों की भूमिका शुभ और मंगल का अभिसंकेत है।

किन्नरों का स्वरुप सुंदर था इसका प्रमाण महाकवि केशवदास की इन पंक्तियों में मिलता है।

वनके नर बानर किन्नर बालक लैमृग ज्यों मृगनायक भाजे
लै तजि सिद्ध समाधिन केशव दीरघ दौरि दरीन में आसन साजे।।
किन्नर हौ नररुप बिलच्छन जच्छ कि स्वच्छ सरोरन सोहौ।
चित्त चकोर के चंद किधौ मृगलोचन चारु विमाननि रो हौ
अंग धरै कि अनंग हौ केसव अंगी अनेकन के मन मौहो।
बीर जान धरे धनुवान लिए बनिता वन में तुम को हौ।।

रामचंद्रिका में शूर्पणखा राम लक्ष्मण के अदभुत सौदर्य को देखकर वशीभूत हो जाती है। वह अपने भावों को प्रकट करते हुए कहती है आप कौन हैं? किन्नर हैं अथवा नर या यक्ष।

(तुम मनुष्य का अदभुत रुप धारण किए हुए किन्नर हो अथवा निर्मल शरीर से सुशोभित कोई यक्ष हो? अथवा चकोर का चित्त हरण करने वाले चंद्रमा हो? अथवा स्त्रियों के सुंदर नेत्ररुपी विमानों में चढ़ने वाले सवार हो? अथवा शरीर धारण किए हुए कामदेव हो जो मनुष्यों के मन को मोहित करते हुए फिर रहे हो। हे वीर! सिर पर जटाएं धारण किए हुए हाथ में धनुष बाण लिए हुए और इस स्त्री को वन में अपने साथ लिए हुए तुम कौन हो?

रामचंद्रिका के पूर्वार्द्ध में केशव कौमुदी में यह भी वर्णित है कि—

कहूॅं साभना दुदुंभी दींह बाजै। कहूँ भीम भयंकर करनाल साजै।
कहूॅं सुन्दरी बेनु बीना बजावैं। कहूँ किननरी किन्नरी लै सुनावै।।

रामायण काल में नट, नर्तक और शैलूस जातियां नृत्य करती थीं। इन्हें किन्नर वर्ग से संबोधित किया जाता था। इन्हें राज्याश्रय भी प्राप्त था।

कथा आती है जब विश्वामित्र विचरण करते हुए वशिष्ठ जी के आश्रम पहुंचे तो देखा वहाँ देवता, दानव, गंधर्व, किन्नर, सिद्ध चारण भी निवास करते हैं।

वशिष्ठस्याश्रमपदं नानापुष्पलताद्रुमम्।

नाना मृगगणाकीर्णं सिद्धचारणसेवितम्।
देवदानवगंधर्वैः किनरैरूपशोभितं।। (1/51/23)

रामायण के उत्तरकाण्ड के 87 से 90 में सर्गों में पुरु के जन्म की कथा का वर्णन है। इस कथा का वर्णन अश्वमेघ यज्ञ के महत्व के प्रतिपादन हेतु किया गया है। राम अपने भाई लक्ष्मण और भरत को यह प्रसंग बताते हैं - कर्दम प्रजापति के ज्येष्ठ पुत्र इल, बड़े धर्मात्मा थे। एक दिन शिकार करते राजा इल उस वन में जा पहुँचे जहाँ स्वामी कार्तिक का जन्म हुआ था। वहाँ भगवान शिव और पार्वती विहार कर रहे थे। भगवान शिव ने अपना रूप स्त्री का बना लिया था इस कारण वन के समस्त जीव स्त्रीवाची हो गए। जिसमें इल भी था। इल ने शिव पार्वती से प्रार्थना की और वर मांगा—

मासं स्त्रीत्वमुपासित्वा मासं स्यां पुरुषः पुनः।
ईप्सितं तस्य विज्ञाय देवी सुरुचिरानना।।

(वा रा – उत्तरकांड-27/87)

मैं एक मास तक स्त्री और एक मास तक पुरुष रहा करूं। पार्वती ने इल को यह वरदान दिया। जब तुम पुरुष रूप में रहोंगे तब तुम्हें अपने स्त्री रूप का स्मरण नहीं रहेगा और जब तुम स्त्री रूप में रहोंगे तब तुम्हें अपने पुरुष रूप का स्मरण नहीं होगा। तब से कर्दम के पुत्र एक माह पुरुष और एक मास स्त्री रहने लगे। जब राजा इल स्त्री रूप में होते थे तब वे ऐसी सुन्दर युवती हो जाते थे कि उनकी सुन्दरता की ख्याति तीनों लोकों में फैल जाती थी और उस समय उनका नाम इला हो जाता था।

ऐसे ही स्त्री रूप के समय इल इला रूप में उसी वन में एक तालाब के निकट थे कि जल के भीतर तप करते हए चन्द्र पुत्र बुध को देखा। इला ने उस सरोवर के जल को हिला दिया। इला को देख बुध कामपीड़ित होकर जल के भीतर चलायमान हो गए।

न देवीषु न नागीषु नासुरीष्वप्सरः सु च।
दृष्टपूर्वा मया काचिन्द्रूपेणानेन शोभिता।।

(वाल्मीकि रामायण–उत्तरकांड–14/50)

ऐसा सौंदर्य तो मैंने आज तक किसी देवकन्या, नागकन्या, असुरकन्या और अप्सरा में भी नहीं देखा। यदि इसका विवाह किसी पुरुष के साथ न हुआ तो यह मेरे योग्य है।

यह विचारकर बुध जल से निकलकर तट पर आए और योगबल से इल का सम्पूर्ण वृतांत जानकार आवर्तनी विद्या का स्मरण किया। बुध ने इला से प्रणय प्रस्ताव रखा। उनका पुत्र पुरु हुआ।

ततः सा नवमें मासि इला सोमसुतात्सुतम्।
जनयामास सुश्रोणी पुरूरक्समूर्जितम्।

(वाल्मीकि रामायण –उत्तरकांड – 23/88)

बुध ने आवर्तनी विद्या के द्वारा अपने साथ रहने वाली समस्त स्त्रियों से कहा - तुम सब किंपुरुष (किन्नरी) होकर पर्वत के किनारे रहो। आगे चलकर तुम सभी स्त्रियां किंपुरुष नामक पतियों को प्राप्त कर लोगी।

अत्र किंपुरुषीर्भूत्वा शैलरोधसि वत्स्यथ।
आवासस्तु गिरावस्मिन शीघ्रमैव विधीयताम्।
स्त्रियः किंपुरुषान्नाम भर्तृन समुपलप्स्यथ।। (7/88/23)

लोकप्रसिद्धि है कि राम ने किन्नरों की भक्ति से प्रसन्न होकर इन्हें दूसरों को भी आशीर्वाद देने का मंत्र सौंपा।

महाभारत में किन्नर

महाभारत के आदिपर्व में किन्नर और किन्नरी प्रेम के अनूठे संकेत मिलते हैं।

शुभकार्यों पर अपनी ही सूचनाओं के आधार पर उपस्थित होकर आशीर्वाद देने वालों में किन्नरों का नाम अग्रणी है। महाभारत के आदि पर्व में एक किन्नर ने बताया, हम हमेशा लिए प्रेमी और प्रेमिका हैं। हम कभी अलग नहीं होते... हमारी गोद में कोई संतान नहीं दिखती। हम हमेशा गले लगाने वाले प्रेमी और प्रेमिका हैं। हमारे बीच हम किसी तीसरे प्राणी को स्नेह मांगने की अनुमति नहीं देते। हमारा जीवन निरंतर सुखों का जीवन है।

महाभारत के अश्वमेघ पर्व में किंपुरुष और किन्नर को अलग अलग बताया गया है।

स किंपुरुष संकीणः किन्तरंश्वोपशाभितः।
सिद्धविप्रनिवासेश्च समन्तादभिसंबृत।। (88/379)

सभा पर्व के अनुसार किन्नरों का क्षेत्र द्रुपपुत्र राजा द्रुमा के अधीन था। दिग्विजय पर्व में इसे अर्जुन द्वारा विजित बताया गया है। यह क्षेत्र धवलगिरि के पार होकर था। गंधर्व, किन्नर, अप्सराओं का वास मानसरोवर भी माना गया है।

महाभारत के दिग्विजय पर्व में अर्जुन का किन्नरों के देश में जाने का वर्णन आता है। अर्जुन धवलगिरि को लांघ कर द्रुमपुत्र के द्वारा सुरक्षित किंपुरुष देश में गए जहाँ किन्नरों का वास था। उस देश को जीतकर कर देते रहने की शर्त पर उसी राजा को पुनः राज्य सौंप दिया। युधिष्ठिर के अंगरक्षकों में किन्नर भी थे (चंद्र चक्रवर्ती - लिट्रेरी हिस्ट्री ऑफ एन्सिएंट इंडिया, पृ 4)

स श्वेत पर्वत वीर:समतिक्रम्य वीर्यवान।
देशं किम्पुरुष वासं द्रुमपुत्रैण रक्षितम्।
महता संनिपातेन क्षत्रियान्तकरेण अजयत्
पाण्डव श्रेष्ठः करै चौनं न्यवेशयत्।।

(श्लोक 1, 2 दिग्विजय पर्व)

महाभारत में शिखंडी का चरित्र बहुत विशेष है। पूर्व जन्म में वह अंबा नामक राजकुमारी थी। अंबा का अपहरण हस्तिनापुर के युवराज भीष्म ने अपने भाई विचित्रवीर्य के विवाह हेतु किया था किंतु राजकुमारी किसी अन्य से विवाह करना चाहती थी। इसलिए भीष्म के भाई से उसका विवाह न हो सका और अपहृता होने के कारण उसे उस पुरुष ने भी स्वीकार न किया

जिसे वह चाहती थी। इस स्थिति में उसने भीष्म की अपहृता होने के कारण भीष्म से ही परिणय निवेदन किया। भीष्म अविवाहित रहने हेतु प्रतिज्ञाबद्ध थे इसलिए उन्होंने भी अंबा से विवाह करने को मना कर दिया तब राजकुमारी अंबा ने उसे श्राप दिया कि वह उसकी मृत्यु का कारण बनेगी। अगला जन्म शिखंडी के रूप में लेकर अंबा ने भीष्म का वध किया।

कथा है—राजा द्रुपद के यहाँ एक कन्या ने जन्म लिया। उसी समय भविष्यवाणी हुई कि इसका पालन एक पुरुष के रुप में किया जाए। उस कन्या के शरीर का विकास तो कन्या के समान हुआ किन्तु पुरुष गुणों का विकास निरन्तर होता गया। इसी का नाम शिखंडी हुआ और किन्नर के रुप में पहचान हुई। महाभारत के युद्ध में पांडव भीष्म को समाप्त नहीं कर पा रहे थे तब उन्होंने भीष्म से ही उनको पराजित करने का उपाय पूछा।

शिखंडी समरामर्षीसुरश्व सुमितिन्ऽजय।
यथा भवन्स्त्रीपूर्वपश्चात पुरुषत्व समाजता।।

इस प्रकार भीष्म पितामह ने स्वयं को पराजित करने का उपाय बताया कि वे स्त्री के सामने अस्त्र नहीं उठाएंगे और अर्जुन पीछे से तीर चला देगा।

शिखंडिन तमासाध्य भरतानां पितामहः।
अवत्वयृतज्ज संग्राम स्त्रीत्व तस्यात्रुसंस्मरनः।।

वे शिखंडी से युद्ध इसलिए नहीं करते कि वह एक किन्नर है। यद्यपि वह विद्या बुद्धि और बल में अद्वितीय है।

युधिष्ठिर की सभा में तुम्बुरु की प्रेरणा पर गंधर्व तथा किन्नरों द्वारा गायन और नृत्य का उल्लेख महाभारत में है। सभापर्व के अनुसार इंद्र की सभा में तुम्बुरु आदि गंधर्वो ने गायन, किन्नरों ने वीणा वादन तथा मेनका, रंभा, उर्वशी आदि अप्सराओं ने भावपूर्ण नृत्य किया था।

अर्जुन और उर्वशी

महाभारत का यह प्रसंग बड़ा ही रोचक और प्रसिद्ध है। पांडवों के वनवास का समाचार सब जगह फैल गया था। काम्यक वन में पांडवों ने व्यास जी से भेंट की। उन्होनें युधिष्ठिर को सलाह दी कि जब तक तुम लोग वन में हो तब तक भावी युद्ध की तैयारी के लिए दिव्यास्त्रों की शिक्षा प्राप्त कर लो। बिना इस तैयारी के भीष्म, द्रोणाचार्य जैसे महारथियों से सामना न कर सकोगे। उन्होंने कैलाश पर्वत जाकर शिव से पाशुपत अस्त्र प्राप्त करने को कहा और इंद्र आदि देवताओं को प्रसन्न कर अमोध अस्त्र प्राप्त करने को कहा।

युधिष्ठिर ने अर्जुन को शिव की तपस्या के लिए प्रेरित किया। उन्होंने इंद्र, वरुण आदि देवों की उपासना की भी सलाह दी। अर्जन पाशुपत अस्त्र प्राप्त करने के बाद इंद्रलोक पहुँचे और दिव्य अस्त्रों की शिक्षा प्राप्त की। इंद्र के दरबार में नृत्य करती हुई उर्वशी ने वहाँ अर्जुन को देखा तो उसके मन में आकर्षण जागृत हो गया।

एक रात अर्जुन अपने शयनगृह में लेटे हुए भाइयों और द्रौपती के बारे में सोच रहे थे कि उर्वशी वहाँ आकर शैया के एक ओर बैठ गई। अर्जुन ने उर्वशी को देखा तो चौंककर उठ खड़े हुए और विनयपूर्वक हाथजोड़कर बोले–मॉ, ऐसे समय आने का कष्ट क्यों किया।

उर्वशी दंग रह गई और बोली–पार्थ! ऐसे सम्बोधन से तुम मुझे लज्जित न करो। अप्सरा कभी माता और बहन नहीं बनती। मैं तुम्हारी कामना करके ही यहॉ आई हूँ। अर्जुन ने कहा - माता,आपकी यह कामना सफल नहीं हो सकती। आप देवराज इंद्र की अप्सरा हैं। इंद्र मेरे गुरु एवं पितातुल्य हैं। मुझ पर आपकी कृपादृष्टि बनी रहे।

गच्छ मूर्ध्ना प्रपन्नोऽस्मि पादौ ते बर्खार्णिनी।

(महाभारत - वनपर्वाणि इंद्रलोकाभिगमन पर्व – वनपर्व–45–47)

मैं यहॉ नृत्य, संगीत और शस्त्रों की शिक्षा लेने आया हूँ। विद्यार्थी का धर्म भोग नहीं तपस्या है। फिर संगीत और नृत्यशास्त्र के आचार्य गंधर्वों की कोटि में आप भी हैं। इस प्रकार आप भी मेरी गुरु हैं।

उर्वशी ने अनेक तरह से अर्जुन को अपनी ओर आकृष्ट करने का यत्न किया किंतु अर्जुन ने कहा —

मेरी दृष्टि में कुन्ती, माद्री और शची का जो स्थान है वही आपका भी है। आप मेरे लिए माता समान हैं। मैं आपके चरणों में प्रणाम करता हूॅ। अपना दुराग्रह छोड़कर लौट जाइए। इस पर क्रोधित होकर उर्वशी ने अर्जुन को नपुंसक होने का श्राप दे दिया।

(महाभारत, वनपर्व–46-57-9)

अर्जुन ने श्राप स्वीकारा किंतु अपना संयम नहीं तोड़ा। उर्वशी के जाने के बाद अर्जुन गंधर्वराज चित्रसेन के पास गए और उन्हें पूरा प्रकरण बताकर कहा कि वे अप्सरा के अपवित्र कार्य की अवज्ञा के कारण शापित हुए हैं। चित्रसेन ने इंद्र के पास जाकर सब कुछ बताया। इंद्र ने बताया कि उन्होंने ही उर्वशी को अर्जुन के पास भेजा था। इंद्र ने अर्जुन को बुलाकर कहा–तुमने इंद्रिय संयम के द्वारा ऋषियों को पराजित कर दिया। तुम जैसे पुत्र को पाकर कुन्ती वास्तव में श्रेष्ठ पुत्रवाली है। उर्वशी का श्राप तुम्हें वरदान सिद्ध होगा। भूतल पर वनवास के 13 वें वर्ष में अज्ञातवास करना पड़ेगा। उस समय यह सहायक होगा। उसके बाद तुम अपना पुरुषत्व फिर प्राप्त कर लोगे। इंद्र के कथनानुसार अज्ञातवास के समय अर्जुन ने राजा विराट के महल में किन्नर वेश में रहकर विराट देश की राजकुमारी को संगीत और नृत्य विद्या सिखाई थी और इस प्रकार वह श्राप से मुक्त हुआ था।

कुछ विद्वानों यह भी तर्क दिया है कि बृहन्नला वास्तव में बृहतनर शब्द है जिसका अर्थ है नर से अलग।

एक कथा यह भी चर्चित है कि एक बार अर्जुन को द्रौपदी से विवाह की एक शर्त के उल्लंघन के कारण एक वर्ष के लिए तीर्थयात्रा पर भेज दिया जाता है। यात्रा में नागकन्या उलूपी से अर्जुन का प्रेम हो जाता है। दोनों गंधर्व विवाह कर लेते हैं। उलूपी को अर्जुन से इरावन नामक

पुत्र होता है। जो बड़ा होकर कुरुक्षेत्र के युद्ध में अर्जुन की सहायता करता है। यह कथा महाभारत में नहीं है किंतु लोक में प्रसिद्ध है।

ओड़िया महाकवि सरलादास ने महाभारत ग्रंथ में इस बात का उल्लेख किया है कि किन्नर नामक एक असुर राजा भी हुआ था। जब मनु ने महर्षि अगस्त्य जी से पूछा कि यह मधुबन किसका है तो उन्होंने बताया कि कुम्भीर और किन्नर दोनों भाई हैं। किन्नर की छोटे भाई कुम्भीर को भीम ने सुर नदी में मार डाला है। आदिपर्व में सहदेव ने युधिष्ठिर को अवगत कराया कि कुम्भीर, किन्नर, बक और हिडिम्बा एक पिता से उत्पन्न हैं। कार्तिकेय नगर में सदैव किन्नरों का मधुर गान गुंजायमान रहता है।

युधिष्ठिर की सभा में तुम्बुरु की प्रेरणा पर गंधर्व तथा किन्नरों की वादियों सहित गायन और नृत्य का उल्लेख महाभारत में है। महाभारत के सभापर्व के अनुसार इंद्र की सभा में तुम्बुरु आदि गंधर्वो ने गायन, किन्नरों ने वीणा वादन तथा मेनका, रंभा, उर्वशी आदि अप्सराओं ने भावपूर्ण नृत्य किया था।

किन्नरलोक

किन्नर कैलाश

किन्नर कैलाश हिमालय पर्वत की चोटी पर स्थित एक अत्यंत पवित्र स्थान है। किन्नर कैलाश का नाम शिवजी और पार्वती की कथा के साथ जुड़ा हुआ है। मान्यता है कि यह स्थान शिव और पार्वती के एकांतवास एवं मिलन का स्थान है। यहाँ किन्नर आदि उपदेव भगवान शिव की सेवा किया करते हैं। वे यक्षों और गंधर्वों की ही तरह नृत्य एवं संगीत में प्रवीण होते हैं।

वहीं एक प्राकृत तालाब भी है जिसका नाम पार्वती कुंड है। सूर्य के प्रकाश में किन्नर कैलाश की आभा निरन्तर बदलती रहती है। ये शिखर अपना रंग भी बदलते हैं और इनके निकट का औरा भी अपने अदभुत रुप में दिखाई देता है।

किन्नर कैलाश हिमालय की पर्वत श्रृंखला में 79 फिट ऊँची एक खड़ी चटटान है। यह चटटान माउंट कैलाश (19850 फिट) और माउंट जोरकाडेन (21237 फिट) के बीच 20 हजार फिट ऊँची श्रृंखलाओं के बीच है। सतलुज नदी के किनारे तगलिंग गाँव से यहाँ जाने का मार्ग आरंभ होता है। मार्ग में पार्वती कुंड तथा भीमद्वार दो स्थान पड़ते हैं। यहाँ लोग धार्मिक यात्रा पर जाते हैं तथा ट्रेकिंग भी करते हैं।

मान्यताओं की बात करें तो यह शिवजी का शीतकालीन प्रवास स्थल है। हिंदू ही नहीं बौद्ध भी यहां बहुत श्रद्धा के साथ आते हैं। प्राकृतिक वैभव को साक्षात ईश्वरीय चेतना में अनुभूत करना हो तो किन्नर कैलाश का दर्शन करना आवश्यक है। प्राकृतिक रूप में उगने वाले ब्रह्म कमल केवल किन्नर कैलाश पर ही देखे जाते हैं। समुद्री सतह से 24000 फीट ऊंचाई पर स्थित किन्नर कैलाश का अद्‌भुत चमत्कार है। यहां स्थित शिवलिंग जिसकी ऊंचाई 40 फीट तथा चौड़ाई 16 फीट है। सतलुज नदी को पार करते हुए तंगलिंग गांव के रास्ते किन्नर कैलाश का मार्ग है तो दुर्गम एवं खतरनाक किंतु साहसिक अभियान के साथ इसमें तीर्थाटन का आनंद भी छिपा है। पार्वती कुंड में सिक्के डालकर मन्नत मांगने की परंपरा है।

ऐसा प्रचलित है कि महाभारत काल में इस कैलाश का नाम इंद्रकील पर्वत था जहाँ भगवान शिव और अर्जुन का युद्ध हुआ था। इसी स्थान पर अर्जुन को शिवजी से पाशुपतास्त्र की प्राप्ति हुई थी।

वनवास काल का अंतिम समय पांडवों ने यहीं व्यतीत किया था। इस स्थान को बाणासुर का कैलाश भी कहा जाता है। यह भी प्रसिद्ध है कि किन्नर कैलाश में ही भगवान कृष्ण के पोते अनिरुद्ध का विवाह उषा से हुआ था। किन्नर कैलाश का शिवलिंग चमत्कारी है यह दिन में कई बार रंग बदलता है। सूर्योदय से पूर्व सफेद, सूर्योदय के समय पीला तथा मध्यान्ह में लाल हो जाता है। स्फटिक विशेषताओं के कारण सूर्य के प्रकाश में यहां अपने रंगों में परिवर्तन देखा जा सकता है। यह स्थान इंडो तिब्बत सीमा पर किन्नौर जिला मुख्यालय रेकोंग प्यो से 41 किलोमीटर दूर है। लांबार, चिरांग तथा दरांती आदि क्षेत्रों से होते हुए किन्नर कैलाश की यात्रा करना रोमांचक और आरामदायक है।

नटराज शिव और किन्नर

भगवान शिव को नृत्य अत्यंत प्रिय है। आनंदमयी मुद्रा में नृत्य नटराज और क्रोधावस्था में तांडव नृत्य करते रूद्र राज। शिवपुराण में उनकी इस कथा का विस्तार है। शिव के अनन्य भक्त किन्नरों को शिव के दोनों ही रूप प्रिय हैं। नटराज की मुद्रा में किन्नरों की अनेक प्रतिमाओं और भंगिमाओं का साम्य देखा जा सकता है। नटराज शिव की चार भुजाएं हैं, जो अग्निचक्र से घिरी हुई हैं। वे अपने एक पैर से एक बोने राक्षस को नीचे दबाए हुए हैं और दूसरा पैर नृत्य मुद्रा में ऊपर की ओर उठा हुआ है। दाहिने हाथ में डमरू पकड़ा हुआ है। बाएं हाथ में अग्नि को धारण किया है। इसी तरह दूसरा दांया हाथ अभय मुद्रा में और बांया दूसरा हाथ नृत्य करते हुए उठे हुए पैर के निकट नृत्य मुद्रा में है।

कथा छोटी-सी है। भगवान शिव के नृत्य को देखने समस्त देवगण कैलाश पर्वत पर उपस्थित हुए। माता गोरी भी वहाँ उपस्थित थीं। नारद जी भी थे। भगवान शिव ने अपनी इच्छा से उस आनंद नृत्य का आयोजन किया था। समस्त देवगण - देवियां उस नृत्य में सहयोगी हुए।

सरस्वती ने वीणा वादन किया। विष्णु मृदंग बजाने लगे। इंद्र ने बंशी बजाई। ब्रह्माजी करताल देने लगे। लक्ष्मी जी गान करने लगीं। किन्नरों ने इस संपूर्ण उत्सव में आनंद लिया और सभी मुद्राओं, वाद्ययंत्रों एवं गान को आत्मसात किया। महाकाली ने शिव के नृत्य पर प्रसन्न होकर उनसे कोई वर मांगने को कहा। शिवजी पहले तो मुस्कुराए फिर नारद जी की प्रेरणा से उन्होंने कहा कि मेरे इस नृत्य का आनंद आप सबने लिया किंतु पृथ्वीवासी इसका आनंद नहीं ले पा रहे हैं। मैं तांडव के स्थान पर रास करना चाहता हूँ। महाकाली ने सभी देवताओं को पृथ्वी पर अवतार लेने का आदेश दिया और स्वयं श्री कृष्ण का अवतार लेकर वृंदावन में प्रकट हुई। वहीं शिव ने राधा का अवतार धारण किया। फिर राधा और कृष्ण, शिव और काली ने रास नृत्य किया। नटराज शिव के स्थान पर यहाँ नटवर कृष्ण का रूप प्रभावी हुआ। किन्नरों ने वृंदावन में नटवर कृष्ण राधाजी का सहयोग किया।

ब्रह्मा जी को त्रिलोकी का भस्म कर देने वाला महान क्रोध उत्पन्न हुआ। उन ब्रह्मा जी के क्रोध के कारण संपूर्ण त्रिलोकी ज्वाला मालाओं से अत्यंत देदीप्यमान हो गयी। उनकी टेढ़ी भृकुटी और क्रोध संतप्त ललाट से दोपहर के सूर्य के समान प्रकाशमान रुद्र की उत्पत्ति हुई। उसका अति प्रचंड शरीर आधा नर और आधा नारी रूप था। तब ब्रह्माजी 'अपने शरीर का विभाग कर' ऐसा कहकर अंतध्यान हो गए। ऐसा कहीं जाने पर रुद्र ने अपने शरीरस्थ स्त्री और पुरुष दोनों भागों को अलग अलग कर दिया। और पुरुष भाग को ग्यारह भागों में विभक्त किया।

तथा स्त्री भाग को भी सौम्य, क्रूर, शांत, अशांत और श्याम गौर आदि अनेक रूपों में विभक्त कर दिया। यह अर्धनारीश्वर की परिकल्पना है जो शिव के संदर्भ में की जाती है।

देव समाज का स्वरूप विचित्र ही रहा है। एक मुख से सहस्त्र मुख वाले देवों में दत्तात्रेय, ब्रह्मा, शिव, कार्तिकेय एवं अनेक देव हुए हैं। पंचमुखी हनुमान, पंचमुखी गायत्री भी। भुजाओं की संख्या भी अनेक में भिन्न है। चतुर्भुज, अष्टभुज, बीसभुज, सहस्त्रभुज अलंकार हमारे परिचित ही हैं। अर्द्धनारीश्वर स्वरूप में भोलेनाथ शिव का हम आराधन करते ही हैं किंतु अर्द्ध स्वरूपी अनेक देव हमारे आराध्य हैं। गणपति का सिर हाथी का और शेष शरीर मनुष्य का। नरसिंह भगवान का सिर, हाथ और पैर के पंजे शेर के और शेष शरीर मनुष्य का है। इसी प्रकार वराह अवतार में भगवान वराह का मुख तो वराह का शेष शरीर मनुष्य का है।

किन्नर मंदिर

किन्नरों की देवी–किन्नर समाज की कुलदेवी बहुचरा देवी हैं। इन्हें मुर्गे वाली माता के नाम से भी जाना जाता है। बहुचरा माता को अर्धनारीश्वर रूप में पूजा जाता है। चार भुजाओं वाली माता के हाथ में तलवार शास्त्र आशीर्वाद मुद्रा और त्रिशूल धारित हैं। गुजरात के मेहसाणा में इनका प्रसिद्ध मंदिर है जो अहमदाबाद से 80 किलोमीटर दूर है। इस मंदिर का निर्माण बड़ौदा के राजा माना जी गायकवाड ने कराया था। तमिलनाडु में अरावन (या इरावन) को किन्नर अपना देवता मानते हैं। दक्षिण भारत में किन्नरों के लिए अरावनी शब्द भी प्रचलन में है।

अरावन देव की कथा - द्रोपदी से विवाह की एक शर्त पूरी न कर पाने के कारण अर्जुन को इंद्रप्रस्थ से 1 वर्ष के लिए निष्कासित कर दिया जाता है। अर्जुन उत्तर पूर्व क्षेत्र में जाते हैं, जहाँ उनकी भेंट एक विधवा नागकुमारी उलूपी से होती है। अर्जुन उलूपी से विवाह करते हैं। उनके पुत्र का नाम अरावन रखा जाता है। पत्नी और पुत्र को छोड़कर अर्जुन आगे चले जाते हैं। युवा होने पर अरावन नागलोक छोड़कर अर्जुन के पास आता है। उस समय महाभारत का युद्ध चल रहा था। अपने पिता की तरह वह भी धनुर्धर था। माता की अद्‌भुत शक्तियों से संपन्न वह मायावी अस्त्रों के संचालन में भी निपुण था। अर्जुन अरावन को युद्ध में भेज देते हैं। महाभारत की क्षेपक कथाओं के अनुसार अरावन युद्ध में शकुनि के छह भाइयों का वध करता

है तथा अनेक यौद्धाओं को परास्त करता है। भीष्मपर्व में अरावन द्वारा अवंती के राजकुमार विंद और अनुविंद के वध की कथा है। अरावन के मातृकुल के नागों का समूह अरावन की सहायता करता है।

युद्ध के आठवें दिन अलम्वुष नामक राक्षस के हाथों उसकी मृत्यु हो जाती है। यह देखकर भीम का पुत्र घटात्कच अलम्वुष का वध करता है।

अन्य तमिल संस्करणों में कथा कुछ इस तरह भी है कि पांडवों को युद्ध में जीत के लिए मां काली के चरणों में नरबलि देनी थी। अरावन स्वयं अपनी इच्छा से बलिपुरुष बनना स्वीकार करते हैं। किंतु इस शर्त के साथ कि वे अविवाहित नहीं मरना चाहते।

अरावन की यह शर्त विचित्र थी। इस शर्त को जानते हुए उससे विवाह के लिए कोई भी

तैयार नहीं था। कथा है- भगवान कृष्ण स्वयं तैयार हुए। उन्होंने मोहनी रूप में अरावन से विवाह किया। एक दिन का विवाह। अगले दिन अरावन स्वयं ही अपना शीश मां काली के चरणों में अर्पित कर देता है। मोहिनी रूप में कृष्ण अरावन की मृत्यु पर विलाप करते हैं। किन्नरों में प्रथा है कि पुरुष किन्नर अरावन से एक दिन का विवाह रचाते हैं।

चूँकि भगवान कृष्ण ने अरावन से विवाह करने के लिए स्त्री रूप रख लिया था इसलिए किन्नर स्वयं को उनसे सम्बन्धित मानते हैं।

तमिलनाडु के किन्नर स्वयं को तिरुनन्गाई कहलाना पसंद करते हैं। इसका हिंदी में अर्थ है - ईश्वर की पुत्रियां। यूँ तो तमिलनाडु में ही भगवान अरावन के कई मंदिर बने हैं पर इनका सबसे प्राचीन मंदिर विल्लुपुरम जिले के कूवगम गांव में है। यहां भगवान अरावन के शीश की पूजा की जाती है। मंदिर के पुरोहित द्वारा किन्नरों के गले में मंगलसूत्र पहनाया जाता है, जिसे थाली कहते हैं। फिर मंदिर में किन्नर अरावन की मूर्ति से विवाह करते हैं। 18 दिन तक चलने वाले इस उत्सव में अंतिम दिवस सारे गांव में अरावन की प्रतिमा को घुमाया जाता है और फिर उसे तोड़ दिया जाता है। उसके बाद दुल्हन बने किन्नर अपना मंगलसूत्र तोड़ देते हैं और सफेद वस्त्र धारण कर विधवाओं की तरह विलाप करते हैं। पनागतिरी, केरल और सिंगनल्लूर, कोयंम्टूर के अतिरिक्त पांडिचेरी के पिल्लैयारकुप्पम में भी अरावन भगवान का मंदिर है। इसी तरह बंगाल की सखीबेगी समुदाय के किन्नर भगवान कृष्ण की पूजा करते हैं तो गुजरात और कर्नाटक के जोगप्पा समुदाय के किन्नर बहुचर देवी के उपासक हैं।

अरावन की पूजा कटे हुए सिर के रूप में की जाती है। इस सिर पर नुकीला मुकुट होता है जिसके बीच में नाग का सिर निकलता है। दो बड़े नुकीले दाँत, क्रोधित नेत्र और बड़ी मूँछ होती है। माथे पर वैष्णव तिलक तथा कानों में बालियाँ होती हैं।

किन्नरों की तपस्या का केन्द्र तो प्रयाग को ही माना जाता है किन्तु काशी, कोलकाता के काशीघाट, गोहाटी असम के मॉ कामाख्यापीठ, भुवनेश्वर के बैताल मंदिर और खजुराहो, उज्जैन आदि तंत्र साधना के महत्वपूर्ण स्थान हैं। तंत्र साधना को एक पवित्र साधना माना जाता है। यहॉ बड़ी संख्या में किन्नर जन आराधना के लिए आते हैं।

किन्नर वीणा

मृगावती रास में उल्लेख है कि उदयन को किन्नर लोक में एक वीणा प्रदान की जाती है।

किन्नर वाद्य यंत्रों में रुचि रखते थे। वे सिर पर मुकुट पहनते थे और उनके हाथ में एक वीणा थी। अग्नि पुराण के अनुसार किन्नरों के हाथ में वीणा के अनेक चित्र मिलते हैं। पत्थरों पर किन्नर बांसुरी लिए अंकित किए गए हैं। किन्नर वीणा का उल्लेख शारंगदेव ने अपने ग्रंथ संगीत रत्नाकर (1210ई.) में किया है। रुद्रवीणा किन्नरवीणा का ही परिष्कृत रुप है। तीन लौकी वाली किन्नरवीणा में बीच की लौकी का निचला हिस्सा कटा हुआ होता है।

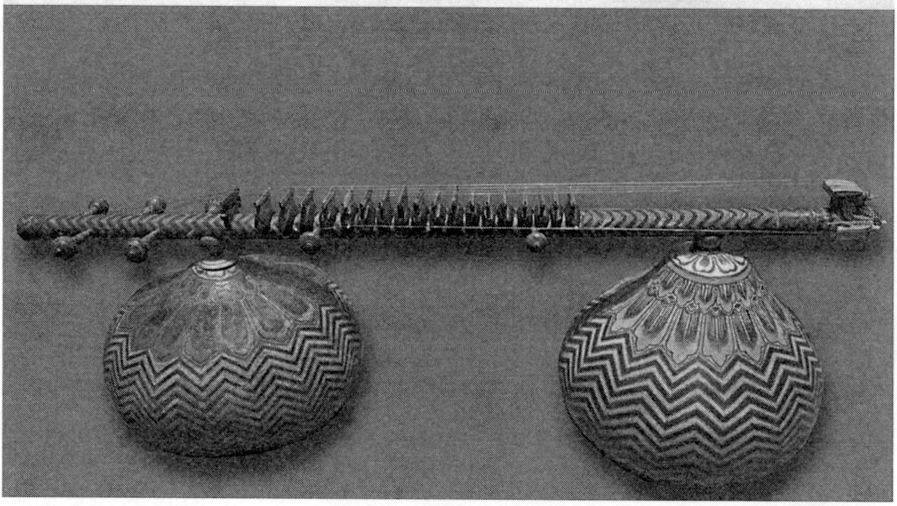

इसके अतिरिक्त एक यंत्र किन्नर नाम से भी प्रचलित है। यह एक या दो तार वाला यंत्र है जो बांस, लौकी के बाहरी आवरण, शहद के छत्ते, बैल के सींग, मोतियों, दर्पण और मोर के पंखों की सहायता से बनाया जाता है।

वायु पुराण के अनुसार गायन गंधर्वों का तथा नृत्य किन्नरों एवं अप्सराओं का व्यवसाय रहा है। सरस्वती की विशेष कृपा इन पर रही है। जब किन्नर नृत्य करते हैं तो वीणा, वेणु, पणव, पुष्कर, मृदंग, दुंदुभी, शंख आदि नानाविध वाद्यों का वादन किया जाता है।

किंपुरुषवर्ष

विष्णुपुराण में किंपुरुष शब्द को जम्बूद्वीप के भूभाग के रुप में बताया गया है।

भारतं प्रथमं वर्षं ततः किंपुरुषं स्मृतम्।

कूर्म पुराण में दो अध्याय में किंपुरुष वर्ष की चर्चा विस्तार से की गई है। राजा प्रियव्रत के वंशजों का वर्णन है तो वंशानुक्रम में किंपुरुष वर्ष का उल्लेख है। सात महाद्वीपों, सात महासागरों, जम्बूद्वीप, मेरु पर्वत, भारत के साथ किंपुरुष वर्ष का वर्णन भी किया गया है।

मनु के पुत्र प्रियव्रत के वंश में अग्नीध्र नामक राजा हुए। वे जम्बूद्वीप के स्वामी बने। उनका विवाह पूर्वचित्त नामक अप्सरा से हुआ। उनके नौ पुत्र हुए। एक पुत्र का नाम किंपुरुष था। किंपुरुष को भरतखण्ड के ऊपर हेमकूट पर्वत के दक्षिण राज्य का राजा बनाया गया।

हेमकूट तथा वर्षं ददौ किंपुरुषाय सः (2/1/19)

यह राज्य किम्पुरुषवर्ष के नाम से प्रसिद्ध हुआ। किम्पुरुष को दक्ष की पुत्री का वंशज भी माना गया है।

भागवतपुराण के 5 वे स्कंध के अनुसार हनुमानजी ने श्रीराम की आराधना में अपना समय किम्पुरुषवर्ष में ही व्यतीत किया।

महाभारत के सभापर्व में (अध्याय 23 - श्लोक 1, 2) किम्पुरुषवर्ष की स्थिति हिमालय के उत्तर में धवलपर्वत के सामने बताई गई है। सभापर्व में अर्जुन की किम्पुरुषवर्ष पर विजय का वर्णन है।

सश्वेतपर्वतं समतिक्रम्य वीर्यवान,
देश किं पुरुषावासं द्रुमपुत्रेण रक्षितम् (सभापर्व - 28/1)

महाभारत में किम्पुरुष के बारे में अनेक संकेत मिलते हैं।

वे पुलह प्रजापति के पुत्र थे। (आदिपर्व - 66/8)

उन्होंने महर्षि अगस्त्य को जल पीकर समुद्र को सुखाते हुए देखा था। (वनपर्व - 104/21) रावण से पराजय के पश्चात कुबेर लंका और पुष्पक विमान को छोड़कर उत्तर दिशा को भागे तो किम्पुरुष की सहायता से गंधमादन पर्वत पर जाकर बस गए। (वनपर्व - 275/33)

युधिष्ठिर के अश्वमेधयज्ञ में किंपुरुष उपस्थित हुए थे। (अश्वमेधपर्व- 88/37) तब किंपुरुषवर्ष, हरिवर्ष, इलावृत्तवर्ष, मेरुवर्ष, रम्यकवर्ष तथा हिरण्यमयवर्ष के निवासी भी वहाँ उपस्थित थे। इन सभी वर्षों के निवासियों को जरा-मुत्यु के भय से रहित माना गया है।

वाचस्पति ने किन्नर और किंपुरुष को पृथक माना है। किन्नर का सिर अशोका और शेष शरीर मानवाकार होना चाहिए। जबकि किंपुरुष की मुखाकृति मनुष्य की भांति और नीचे का भाग अश्व की तरह होना चाहिए।

महाभारत में किन्नरों का वास किंपुरुष वर्ष कहा गया है।

ततो देवाः सगंधर्वाः सिद्धाश्च परमर्षयः।
चिन्तामापेदिरे सर्वे सकिंनरमहोरगाः।
स्वस्ति गोब्राह्मणेभ्यस्तु लोकास्तिष्ठन्तु शाश्वताः।
ज्यतां राघवः संख्ये रावणं राक्षसेश्वरम् (6/107/48-49)
अत्र किंपुरुषीर्भूत्वा शैलरोधसि वत्स्यथ।
आवासस्तु गिरावस्मिन शीघ्रमैव विधीयताम्।
स्त्रियः किंपुरुषान्नाम भर्तृन समुपलप्स्यथ।। (7/88/23)

बुध और इला के पुत्र पुरु हुए। ज्योतिष के अनुसार बुध ग्रह नपुंसक माना जाता है इसलिए किन्नरों में बुध ग्रह का वास है।

उत्सवसंकेत

पौरवं युधि निर्जित्य दस्यून् पर्वतवासिनः।
गणानुत्सवसंकेतानजयत् सप्त पांडवः।
(महाभारत सभापर्व 27/16)

महाभारत में लेख है कि हिमाचल की उपत्यकाओं में सप्तगणराज्यों का एक समूहक्षेत्र था। जिसे अर्जुन ने विजित किया था। उसका नाम उत्सवसंकेत है। ऐसी मान्यता है कि यह वही किन्नर देश है जहाँ गंधर्व रीति से विवाह करने की परम्परा आरंभ हुई। वर्तमान में गौंड जनजाति के विवाह की घोटुल प्रथा को गंधर्व रीति के रूप में पहचाना जाता है। मत्स्यपुराण (154/406) में इसके संकेत मिलते हैं।

महाकवि कालिदास ने उत्सवसंकेतों का वर्णन रघु की दिग्विजय यात्रा के प्रसंग में किया है और इन्हें किन्नरों से सम्बन्धित बताया है।

शरैरुत्सबसंकेतान्स कृत्वा विरतोत्सवान्।
ज्योदाहरणं बायोर्गापयामास किन्नरान्।।

अर्थात महाराज रघु ने उत्सवसंकेतों को बाणों से पराजित करके उनकी सारी प्रसन्नता हर ली और वहाँ के किन्नरों को अपनी भुजाओं के बल के गीत गाने पर विवश कर दिया। कालिदास ने उत्सव संकेतों को पर्वतीय गण कहा है।

तत्र जन्यं रघोर्घोरं पर्वतीयगणैरभूत। (रघुवंश - 4/77)

उत्सवसंकेत हिमाचल और पंजाब की पहाड़ियों में बसे हुए सप्त गणराज्यों का सामूहिक नाम है।

विश्व में किन्नर मिथक

किन्नरों की दुनिया रहस्यमयी और अबूझ है। इतिहास के पृष्ठों में इसके कितने ही रूप छिपे पड़े हैं। प्रत्येक युग में किन्नरों के वैभव के अलग अलग आख्यान, कथाएं और उपकथाएं चर्चा में रही हैं। भारतीय वांग्मय और धर्मविज्ञान में किन्नरों के विविध स्वरुपों का वर्णन मिलता है। किन्नरों का स्वरुप और मूर्तिकरण इतना वैविध्यपूर्ण है कि प्रत्येक क्षेत्र उपक्षेत्र में इनकी कथाओं ने भी अलग ही रुप प्राप्त कर लिया है। कहीं इन्हें पक्षी माना गया है तो कहीं अश्वमुखी। या फिर आधा मनुष्य और आधा शरीर अश्व, पक्षी अथवा अन्य किसी जीव का। धर्मशास्त्रों में विष्णु के चौथे अवतार नृसिंहदेव के स्वरूप को देखें तो उनका मुख सिँह का तो शेष शरीर मनुष्य का है। हयग्रीव का भी मुख घोड़े के समान और शेष शरीर मनुष्य का है। नागकन्याओं, जलपरियों तथा अप्सराओं के स्वरुप में भी कुछ ऐसे ही चित्रों की अवधारणा की जाती रही है।

भारत के अतिरिक्त अनेक देशों के प्राचीन इतिहास में ऐसी ही अलौकिक कथाएं व्याप्त हैं। वे कथाएं हमारे वांग्मय का हिस्सा होने के साथ ही वर्तमान मान्यताओं और सांस्कृतिक बोध को भी प्रभावित करने वाली हैं। हम ऐसे अलौकिक चरित्रों को सहेजते आए हैं। दक्षिणपूर्व ऐशियाई बौद्ध पौराणिक कथाओं में किन्नरियों को आधा पक्षी, आधा स्त्री प्राणियों में दिखाया गया है। यद्यपि वर्तमान में ऐसे चरित्रों का अस्तित्व संदेहात्मक है किन्तु हमारे धार्मिक ग्रंथों में जिस प्रकार इनकी उपस्थिति मिलती है उससे यह निश्चित होता है कि हमारा इतिहास विविध जाति प्रजातियों के वैविध्य तथा उनकी चमत्कारी कथाओं से भरा हुआ है।

यक्ष, नाग, गंधर्व, किन्नर, वानर और इसी प्रकार की उपदेवता प्रजातियों की उपस्थिति ग्रंथों में मिलती है। इनमें राक्षस, दैत्य, दानव, पिशाच सहित अनेक प्रजातियां भी हैं जिनसे मानव और देव समाज का सदैव ही विरोध होता आया है।

विश्व के अनेक देशों में किन्नरों के स्वरुप को विभिन्न मुद्राओं में संरक्षित किया गया है। किन्नरों के ऐसे स्वरुप हमें उनके बारे में अधिक जानकारी प्राप्त करने के लिए प्रेरित करते हैं

थाईलैंड

थाईलैंड की पौराणिक कथाओं के अनुसार किन्नरी कुमारी मनोरा एक राजकुमार सुटन से प्रेम करती है। नृत्यगायन में निपुण किन्नरी मनोरा का शरीर का ऊपरी भाग एक सुंदर राजकुमारी का तथा निचला भाग एक पक्षी का है।

तिब्बत

डेंसाटिल मठ, तिब्बत में 15 वी शताब्दी की यह मूर्ति मिलती है जिसमें किन्नरों के राजा द्रुमा 18 परिचारकों के साथ वीणा बजा रहे हैं। यह मूर्ति 60 सेमी की है तथा गिल्ट कॉपर की बनी हुई है।

द्रुमा आकाशीय संगीतज्ञों के राजा हैं। उन्होंने अपने हाथ में एक ल्यूट धारण किया हुआ है। उसके शिगोन पर घोड़े का सिर है। दूसरी प्रतिमा में एक हाथ में वीणा और दूसरे से शांतिपाठ का संकेत है। डेंसाटिल मठ, तिब्बत की 1360 ई. में बनी इस मूर्ति को चीन की राजधानी बीजिंग के संग्रहालय में रख गया है।

किन्नरी अमोघसिद्धि को उनके राजसी रुप में दिखाया गया है। उनका बायां हाथ ध्यान की मुद्रा में तथा दायां हाथ शांति साधना की मुद्रा में है। मुकुट में केंद्रीय फूल के नीचे एक छोटा कीर्तिमुख है। आभूषणों में तिब्बती मूंगा और लैपिस लाजुली जड़े हुए हैं। इस मूर्ति का निर्माण 1386 में हुआ तथा यह तिब्बत के एक निजी संग्रहालय में सुरक्षित है।

17 वी शताब्दी की इस नक्काशी में किन्नर अमोघसिद्धि को गरुड़ के रुप में उकेरा गया है। इन्हें कीमती कॉपर में राजवैभव के प्रदर्शन के लिए उपयोग में लाया जाता था। बौद्ध कथाओं और जातकों में किन्नर स्वरुप के जो चित्र मिलते हैं, ये मूर्तियां उसी आधार पर निर्मित हैं।

एक किन्नरी का यह चित्र अदभुत है। कमल के आसन पर एक हाथ संगीत की नृत्य मुद्रा में तथा दूसरा हाथ जंघा पर रखे हुए। इसका लेख बौद्धग्रंथ लोजोन पो के अन्तर्गत मिलता है। 15 वी शताब्दी की यह मूर्ति संघाई नगर चीन के एक मठ में संरक्षित है।

तिब्बत लालुंग सेरखंग की लोककथाओं में वैरोचन देव की चर्चा आती है। इस प्रतिमा में देवता के चार सिर दर्शाए गए हैं। इनके आठ रुप भी लक्षित हैं। एक यक्ष ने कमल पर विराजित वैरोचन की मूर्ति को उठा रखा है। नीचे दो हिमसिँह भी दिखाई देते हैं। उसके ऊपर दो किन्नरी, दो मोर और एक गरुड़ भी लक्षित हो रहे हैं।

किन्नरों और गरुड़ की अन्तर्कथाएं बहुत महत्वपूर्ण हैं। गरुड़ की यह प्रतिमा विशेष है। गरुड़ के पैर, पंख और एक चील के समान सिर जिसके सींग भी दिखाई देते हैं। मानव के समान भुजाएं और धड़ भी। हाथ में एक लम्बा नाग है। 18 वी शताब्दी की यह प्रतिमा नेपाल के एक संग्रहालय में है।

किन्नरी और अप्सरा में बहुत साम्य है। उनके पंखों की आकृति भ्रमित करती है किन्तु पंख के साथ मानवीय पैर किन्नरियों में नहीं देखे जाते हैं। ये नृत्य करने वाली अप्सराएं हैं किन्तु किन्नर लोक में जाने के लिए बहुधा पंखों का उपयोग करती हैं। यह प्रतिमा 17 वी शताब्दी में पोखरा, नेपाल के एक संग्रहालय से बौद्ध मठ काठमांडू में लाई गई।

इन्द्रलोक से दण्डस्वरुप जिस प्रकार अप्सराओं को शाप देकर मृत्युलोक भेज दिया जाता था उसी प्रकार स्वर्ग के अनेक देव और उपदेवों को भी समय

समय पर किसी कारण दंड स्वरुप स्वर्गलोक का त्याग करना पड़ता था। ऐसे देवों को किन्नर रुप में किन्नरलोक भेज दिया जाता था। उनका मुख तो स्वाभाविक देवस्वरुप ही रहता था किन्तु उनके पैर किसी पक्षी की तरह होते हैं। देवकिन्नर की 15 वी शताब्दी में निर्मित यह प्रतिमा इन दिनों नेपाल में है।

किन्नर राजा द्रुमा और नागराज में मित्रता थी। नागकथाओं में लेख है कि राजा द्रुमा के राज्य में उत्सव के समय अनेक राजाओं को आमंत्रित किया जाता था जिसमें अनेक गंधर्व, नाग और यक्षराज भी पहुँचते थे। इस नागराज के चार हाथ हैं तथा पाँच कोबरा सर्पों से बना एक

फन है। वह एक तलवार भी हाथ में लिए है। प्रथम चित्र इंडोनेशिया की एक पत्रिका से साभार। दूसरा चित्र एक प्रतिमा का खंड है जिसमें देवकिन्नर एक विचित्र मुद्रा में हैं। उनकी चार भुजाएं हैं। आधे झुके हुए और आधे घुटनों के बल। उनका निचला बांया हाथ एक गरुड़ को पकड़े है और ऊपरी दांया हाथ एक सौरचक को दर्शा रहा है। अनेक बौद्ध मठों में किन्नरों का यह स्वरुप भी परिलक्षित होता है।

यह यक्ष की आकृति है किन्तु किन्नर राजवैभव को प्रदर्शित करने में इसका उपयोग किया जाता है। माना जाता है कि एक बार संग्राम में किन्नरों के हाथों यक्षों की पराजय हुई थी। उस समय को स्मरणीय बनाने के लिए सिँहासन अथवा राजमुकुट में इस यक्ष आकृति को भी दर्शाया जाता है। यह भी ध्यान देने योग्य है कि किन्नरों द्वारा यक्षों को परास्त करने के बाद दैत्य राक्षस और नाग भी किन्नरों से बैर नहीं रखते। सावधानी वश वे ब्रहमा जी से वरदान में किन्नरों से पराजय न हो ऐसा वरदान भी मांगते हैं। इस यक्ष मुखौटे को कीर्तिमुख कहा जाता है। जिन देवताओं ने यक्षों को पराजित किया वे अपनी मेहराबों पर इसका प्रदर्शन करते हैं। इसमें केवल एक बड़ा सिर और दो भुजाएं ही दिखाई देती हैं। हाथों में रखी वनस्पति को खाते हुए यक्ष का यह मुखौटा अनेक किन्नर प्रतिमाओं में मिलता है।

तिब्बत क्षेत्र में जिन किन्नरियों के चित्र सामान्य रुप से चर्चित हैं उनमें किन्नरा नामक किन्नरी महत्वपूर्ण है। इसके हाथ में हंस है। निचला हिस्सा पक्षी का और ऊपरी भाग एक अप्सरा का है। एक हाथ पर झुकी हुई है। अमेरिका के याले विश्वविद्यालय के संग्रहालय में इस प्रतिमा को रखा गया है।

शिवलिंग के साथ किन्नरी के चित्र को अंकित करने का यह प्रयास प्रशंसनीय है किन्तु इस बात के प्रमाण नहीं मिलते कि शिवलिंग के साथ किन्नरी अथवा अन्य किसी अप्सरा का पूजन किया जा सकता है क्योंकि शिवलिंग के अभिषेक में सर्प के अतिरिक्त अन्य किसी देव अथवा उपदेव का साथ नहीं होता। यूँ भी किन्नरियों और अप्सराओं की प्रतिमाएं देवालय की भित्तियों पर ही अंकित की जाती रही हैं।

उदयपुरी (विदिशा) की गुफाएं – गुप्तवंश के शासक चंद्रगुप्त द्वितीय का समय 250-410 ई. का था। उस समय विदिशा के उदयगिरि नामक स्थान पर गुफाओं में अनेक ऐसे चित्र मिलते हैं जो पुरातत्व के साथ ही हमारी सांस्कृतिक विरासत के लिए अत्यंत महत्वपूर्ण हैं।

गुफा नम्बर 4 में किन्नर को वीणा बजाते हुए दर्शाया गया है।

भास्कर्यकला में मनुष्यमुखी किन्नरों के बहुत से नमूने मथुरा संग्रहालय में संगृहीत हैं।

थाईलैंड में बैंकाक में वाट फ्रा केव एक प्रसिद्ध बौद्ध मंदिर है। मंदिरपरिसर की दो किमी से भी अधिक लम्बी दीवार पर रामायण के दृश्यों का अंकन है। उसी परिसर के निकट एक भवन में किन्नरी की यह प्रतिमा सबके आकर्षण का केन्द्र है। यह 18 वी शताब्दी में बनाई गई थी।

किन्नरी नृत्य - वर्मा (म्यांमार) में किन्नरों को कीन्नाया और महिला किन्नरों को कीन्नायी कहा जाता है। यहाँ बौद्ध अनुयायियों की मान्यता है कि बुद्ध के पूर्वजन्मों में किन्नर भी थे। बुद्ध के 108 प्रतीकों में एक किन्नरी भी है। किन्नरों द्वारा किए जाने वाले एक नृत्य की ख्याति मनोरा बुचायन नृत्य शैली के रुप में भी है जो थाई देश में आरंभ हुई।

म्यांमार के करेनी(कयाह) राज्य के ध्वज में एक किन्नर का चित्र है। किन्नर जोड़े को करेनी प्रतीक के रुप में मान्यता है। म्यांमार में अकादमी पुरस्कार के अन्तर्गत दी जाने वाली प्रतिमा एक किन्नरी की है।

कंबोडिया की खमेर भाषा में किन्नरों को केनार कहा जाता है। कम्बोडिया में स्तूप के सामने किन्नरी की प्रतिमा।

थाईलैंड में किन्नरी की मूर्ति को देवदूत के समान दिखाया गया है इसके शरीर का निचला हिस्सा एक पक्षी के समान है। इस मूर्ति को सनम लुआंग बैंकाक थाईलैंड में राजकुमारी गैल्यानी वधाना के स्मारक में सजाया गया है।

तिब्बत में किन्नर को मियाम्ची या शांग शांग के नाम से जाना जाता है। मानव का धड़ और निचला हिस्सा एक पंख वाले पक्षी के रुप में होता है। शांग शांग को गरुड़ों के राजा के रूप में भी दर्शाया गया है।

इंडोनेशिया में किन्नरों का मुख्य कार्य दिव्य वृक्ष कल्पतरु की रक्षा करना बताया गया है। 8 वी शताब्दी में बने जावा के एक प्रसिद्ध मंदिर की भित्ति पर यह दुर्लभ नक्काशी मिलती है।

इंडोनेशिया के अनेक मंदिरों में किन्नर और किन्नरी युग्म आकाशीय मनुष्य के रुप में हैं जिनकी पीठ पर पक्षियों के पंख लगे हुए हैं।

किन्नर कथालोक

किन्नरी जातक
भगवान बुद्ध के जीवन से सबन्धित जातक कथा

हस्तिनापुर में सुबाहू नाम का एक राजा रहा करता था। वह बहुत गुणवान, प्रतापी, शक्तिशाली, धनवान तथा साठ नगरों का स्वामी था। उसका एक पुत्र था -सुघनु। उसे उन्होंने अपने राज्य का उत्तराधिकारी बनाया।

उसी समय पड़ोसी राज्य सिंहपुर के राजा चन्द्रिमा ने एक यज्ञ की तैयारी की। जिसमें सभी प्रकार के पशुओं की बलि देना अनिवार्य था। उसने अपने राज्य के शिकारियों को आदेश दिया कि राज्य में सभी प्रकार के जीवित प्राणियों को पकड़कर लाओ। मछुआरों को भी निर्देश दिया कि जल में पाए जाने वाले सभी जीव लेकर आओ।

शिकारी और मछुआरों ने आदेश का पालन किया और सभी प्रकार के जीवों को पकड़कर ले आए। राजा ने ऋषियों को पूजन के लिए बुलाया और पूछा कि देखकर बताइए–बलि सामग्री में कोई कमी तो नहीं है? ऋषियों ने शास्त्र सम्मत परीक्षण किया और बताया कि इसमें एक किन्नरी की कमी है। शिकारियों को पुन: किन्नरी की खोज में भेजा गया।

वन में एक आश्रम में विश्राम करते हुए उस शिकारी ने मधुर गायन की ध्वनि सुनी। वह सोचने लगा कि क्या यह स्वर किसी देवकन्या अथवा नागकन्या का है? वहाँ उपस्थित एक ऋषि ने बताया कि यह गायन किन्नरियों का है।

उसने पूछा- वे कहाँ हैं और दिखाई क्यों नहीं दे रहीं? तब ऋषि ने उत्तर दिया–यहॉ से उत्तर की ओर एक बड़ा कमलतालाब है। जहॉ प्रत्येक मौसम में हरप्रकार के कमल खिलते हैं। किन्नरों के राजा द्रुमा की पुत्री किन्नरा, कैलाशपर्वत और गंधमादन से अनेक किन्नर और किन्नरियाँ वहाँ पूर्णिमा की रात्रि कीड़ा करने आते हैं। यह उन्हीं के उत्सव की ध्वनि है। किन्तु उनकी इच्छा के विरुद्ध कोई प्राणी उनके निकट नहीं जा सकता।

उनसे मिलने का कोई तो उपाय होगा? मैंने सुना है कि किन्नरियों को वश में किया जा सकता है। - शिकारी ने जिज्ञासु बनते हुए पूछा।

ऋषि ने कहा- यूँ तो यह कठिन ही है किन्तु किन्नरी मंत्र का जिसे ज्ञान हो वह उस मंत्र द्वारा उन्हें वश में कर सकता है। लेकिन वह मंत्र बिरलों को ही सिद्ध होता है। जब चन्द्रिमा के

प्रकाश में गंधर्व - किन्नर युगल नृत्य मुद्रा में होते हैं तब उनके निकट तक पहुँचा जा सकता है। लेकिन यह जीवन और मृत्यु के समान है। उनका श्राप साक्षात मृत्यु ही है। अभी थोड़ी ही देर में उनका नृत्य आरंभ होगा। कहकर वह ऋषि अदृश्य हो गया। शिकारी ने ऋषि को प्रणाम किया और कमलतालाब की ओर चल पड़ा।

वह मन ही मन मुस्कुरा रहा था क्योंकि किन्नरीमंत्र उसने सिद्ध कर रखा था।

क्या ही सुंदर तालाब था। रंगबिरंगे कमलपुष्पों से आच्छादित। लहरें मानो संगीत की सरगम प्रस्तुत कर रही थीं तो चन्द्रिका के प्रकाश में तालाब का जल और आकाश का रंग एक से ही प्रतीत होते थे। और उधर थोड़ी ही दूर उपवन की लताओं के बीच ... वाह। देखकर ही दंग रह गया शिकारी। श्वेत पंख वाली अप्सराएं, अश्वमुखी किन्नरियां और नृत्य करते गंधर्वों की टोली। उन्हीं के बीच एक अत्यंत क्षीण कटि वाली किन्नरी, जो एक विशेष चमक लिए थी दिखाई दे रही थी। वह निश्चय ही किन्नरों के राजा द्रुमा की पुत्री राजकुमारी किन्नरा ही होगी। वह सांवली किन्तु अत्यंत रूपवती थी। किन्नरियां बांसुरी बजाने और गीत गाने में व्यस्त थीं इसलिए उनका ध्यान शिकारी की तरफ नहीं गया।

किन्नरा के निकट की दूरी कम करते हुए शिकारी अत्यंत सावधान था। एक चूक उसकी मृत्यु का कारण बन सकती थी। एक ही साँस में उसे मंत्र भी पढ़ना था। किन्नरा का ध्यान आकर्षण करते समय कोई देखे न, यह भी महत्वपूर्ण था। शिकारी हंस ध्वनि निकालना जानता था। उसने यही उपाय किया। जैसे ही किन्नरा ने हंस ध्वनि सुनी, वह चौंककर पीछे पलटी। शिकारी आश्चर्यचकित रह गया। उसके सौंदर्य को देखकर वह भूल ही गया कि वह किसलिए आया है। किन्तु उसने स्वयं को शीघ्र ही संभाल लिया और उसकी आँखों में ऑखें डालकर बोलने लगा—

हे किन्नरा! तुम राजा द्रुमा की गौरवशाली पुत्री हो। मेरे मंत्रों का आस्वादन करो। — ॐ मनोहार्ये स्वाहा। ॐ सुभगे स्वाहा। ॐ विशालनेत्रे स्वाहा। ॐ सुरतप्रिये स्वाहा। ॐ मंगला किन्नरी स्वाहा। ॐ दिवाकरमुखि स्वाहा। ॐ अश्वमुखि स्वाहा। ॐ मंजुघोष आगच्छागच्छ स्वाहा। ॐ मनोहार्ये स्वाहा।।

किन्नरा को समय ही न मिला कि वह कुछ सोच सके। शिकारी ने उसे मंत्रों से बाँध दिया था। शिकारी को अदृश्य होने की सिद्धि प्राप्त नहीं थी अन्यथा वह किन्नरा को स्पर्शकर अपने साथ ले जा सकता था। लेकिन वहाँ उपस्थित सभी किन्नर, गंधर्व और अप्सराएं जो किन्नरा के सहचर के रुप में वहाँ आए थे, अदृश्य हो गए।

शिकारी किन्नरा को लेकर सिंहपुर आ गया। और बलि दिये जाने वाले जीवों के साथ किन्नरा को भी बंधक कर लिया। राजा चन्द्रिमा ने शिकारी को पुरस्कृत कर बिदा किया।

इस महान यज्ञ को देखने के लिए समस्त राजा आमंत्रित थे। हस्तिनापुर के राजा सुबाहू ने प्रतिनिधि के रुप में उनके पुत्र सुधनु को भेजा। उसके साथ अन्य बहुत से राजकुमार भी थे। यज्ञशाला में राजकुमार सुधनु ने अन्य जीवों के साथ सुन्दर किन्नरी किन्नरा को भी देखा। राजकुमार सुधनु उसके सौंदर्य को देखकर मोहित हो गए। यह प्रेम साधारण न था। वे लगभग

मूर्छित से हो रहे थे। प्रभु ने कहा है कि अतीत में साथ में रहने और वर्तमान में दया करने से यह प्रेम इस प्रकार उत्पन्न होता है जैसे जल में कमल उत्पन्न होता है।

सुधनु प्रभावशाली थे साथ ही धर्मज्ञ भी। उन्होंने जीवहत्या का विरोध करते हुए कहा- भोजन के लिए इन निरीह जीवों की बलि से प्रभु प्रसन्न न होंगे। जीवन लेना धर्म नहीं है जीवन के लिए रक्षा करना ही धर्म है। झूठ बोलना धर्म नहीं है। झूठ बोलने से बचना ही धर्म है। अज्ञान का होना धर्म नहीं है किन्तु अज्ञान से बचना धर्म है। जीवहत्या का मार्ग धर्म नहीं है। जीवों के प्रति सदभाव रखना ही स्वर्ग जाने का मार्ग है। आप इन्हें मुक्त कर दें।

धर्म और स्वर्ग की इतनी सुंदर व्याख्या सुनकर सभी बड़े प्रभावित हुए। राजा चन्द्रिमा ने बलि के लिए लाए गए समस्त जल और स्थल के जीवों को मुक्त कर दिया।

किन्नरी किन्नरा अपने जीवन को सुरक्षित समझकर राजकुमार सुधनु से लिपट गई। उसने राजकुमार सुधनु के प्रेम को स्वीकार कर लिया। यज्ञ सम्पन्न होने के पश्चात राजकुमार किन्नरी किन्नरा को अपने साथ हाथी पर बैठाकर हस्तिनापुर ले गया।

उसका समय किन्नरी किन्नरा के साथ क्रीड़ा में व्यतीत होने लगा। किन्नरा अपने स्वाभाविक श्रृंगार में थी किन्तु उसकी तुलना किसी से भी नहीं की जा सकती थी। उसका रुप सौंदर्य अदभुत था। उसके हाथ में बिना मुरझाई हुई वैजन्ती पुष्पों की माला भी।

राज्य के कार्य प्रभावित हुए तो पिता ने कहा–बेटा! उस किन्नरी को वापस जाने दो। राजकुमार को बिना बताए ही उन्होंने किन्नरी किन्नरा को उसके माता पिता के पास हिमालय की उपत्यकाओं में भेज दिया। दुखी मन से नगरवासियों ने किन्नरी किन्नरा को बिदा किया।

किन्नरी राजकुमारी किन्नरा उत्तर दिशा की ओर बढ़ी तो सतलुज नदी के किनारे दो शिकारी उसे मिले। उनके नाम उत्पलका और मालका थे। वे किन्नरा को पहचानते थे। उन्होंने कहा—तुम अपने प्रेमी सुधनु को भूल जाओ। हस्तिनापुर में कौरवों और पांचालों की स्त्रियां तुम्हारा यहाँ रहना पसंद न करेंगी। सुधनु का जीवन संकट में है।

किन्नरा ने अपने हाथों से बनाया हुआ सुधनु का चित्र, एक अंगूठी और ताबीजों की एक माला उन शिकारियों को दी और कहा— किसी तरह यह राजकुमार तक पहुँचा देना।

उसने पत्ते पर एक पाती भी लिखी। जिसमें लिखा था–मनुष्य के साथ रहना मेरी नियति नहीं है। मेरा तुम्हारा इतना ही साथ था।

किन्नरी किन्नरा ने देखते ही देखते सतलुज नदी को पार कर लिया। उसके पैर सतलुज के जल को स्पर्श नहीं कर रहे थे। वह हिमालय के उस पार चली गई।

राजकुमार का मन व्याकुल था। उसने अपने विश्वसनीय मित्र वसंतक को साथ लिया और किन्नरा को ढूंढने निकल पड़ा। सतलुज के किनारे वही दो शिकारी मानो राजकुमार की ही प्रतीक्षा कर रहे थे। संभव है यह नियति ही थी। शिकारियों ने राजकुमार को पहचानकर पत्र, अंगूठी और ताबीज उन्हें सौंप दिया। पढ़कर दो पल तो राजकुमार बेसुध ही रहे, फिर वसंतक को कहा–मुझे किन्नरा को ढूंढना ही होगा। शिकारियों से मार्ग पूछकर दोनों सावधानी पूर्वक सतलुज की लहरों को पार कर आगे बढे।

आगे घना उपवन था जहाँ बाघ और सिँह विचरण कर रहे थे, हाथियों के झुंड दहाड़ रहे थे। लालरंग के हंस कलरव कर रहे थे। विभिन्न प्रकार के सर्प वृक्षों से लिपटे हुए थे। कई स्थानों पर किन्नरों के छुटपुट समूह दिखाई दे रहे थे।

यह हिमालय का ही क्षेत्र था। वहाॅ सोने और चांदी की चोटियों वाले पर्वत थे।

शिकारियों ने बता दिया था तो भी पत्थरों पर अंकित राजकुमार के चित्र संकेत उनका मार्ग प्रशस्त कर रहे थे। लगता था कि किन्नरा ने उन चिन्हों को इसी प्रत्याशा में बनाया है कि राजकुमार यदि आवें तो उनका मार्ग प्रशस्त हो।

मार्ग में ऋषि कश्यप का आश्रम भी था। दोनों ने ऋषि के दर्शन किए और जलपान ग्रहण किया। राजकुमार ने अपने आने का प्रयोजन बताया और ऋषि कश्यप से मार्गदर्शन मांगा।

ऋषि बोले–किन्नरियों का मार्ग मनुष्य के मार्ग से भिन्न है। पक्षी भी किन्नरियों के मार्ग में प्रवेश नहीं कर सकते। वह अबूझमार्ग है। लौट जाओ। अपने पिता के राज्य संचालन में सहयोग करो।

राजकुमार ने कहा–यह मेरे लिए संभव नहीं। या तो प्राण ही दे दूंगा अथवा उसे खोजकर ही रहूंगा।

ऋषि उसके प्रण से प्रभावित हुए और बोले - ठीक है। यहाॅ वानरों के नेता मेरे अनुयायी हैं। मैं उनसे कहता हूॅ। वे तुम्हें किन्नरों के राजा द्रुमा के नगर निरति तक पहुँचा देगा। बंदरों का राजा बलशाली था। उसने राजकुमार और उसके मित्र को अपनी पीठ पर बिठा लिया। पर्वत, शिखरों और वनमंडल को पार करते हुए वानरराज ने उन दोनों को शीघ्र ही कैलाश पर्वत पर स्थित राजा द्रुमा की नगरी निरति में पहुँचा दिया। यह नगर स्वर्ण की आभा से चकाचौंध था। बहुमूल्य रत्न अलंकारों की सज्जा नगर में इस प्रकार थी मानों पुष्पमाल हों। चमेली के सुगन्धित पुष्प वातावरण को मनोहर बनाए हुए थे। कोई बड़ा उत्सव था।

वानरराज ने बताया-राजकुमारी बहुत दिनों बाद लौटी हैं इसलिए यहाॅ उत्सव मनाया जा रहा है।

यहीं मिलेगी राजकुमारी किन्नरा। राजकुमार की ऑखें चमक उठी।

तभी वहाँ किन्नरी कुमारी की टोली आती दिखाई दे गई। वानरराज ने राजकुमारी के समक्ष सुधनु को खड़ा कर दिया और बिदा ली। किन्नरा राजकुमार को अचानक वहाँ देखकर हतप्रभ थी। उसने राजकुमार को आलिंगन में भर लिया और तुरंत ही अपने पिता राजा द्रुमा के पास पहुँच गई। बोली – जम्बूद्वीप में स्थित राज्य हस्तिनापुर के राजकुमार सुधनु को मैंने अपना स्वामी माना है। वे राजा सुबाहू के पुत्र हैं। वे यहाॅ मुझे लेने आ गए हैं।

द्रुमा ने कहा–किन्नर प्रदेश में मनुष्यों का आना प्रतिबन्धित है। किन्तु मैं तुम्हारे पवित्र प्रेम का सम्मान करता हॅ। राजा ने अपने मंत्री को आदेश दिया कि नगर को सजाया जाए और कुमार को सम्मानपूर्वक अतिथिगृह में लाया जाए। किन्नरों की टोली नृत्य-गायन करते हुए राजकुमार के स्वागत के लिए उमड़ पड़ी। राजकुमार और उसके मित्र वसंतक का सम्मान हुआ और बहुत दिनों तक राजकुमार सुघनु किन्नरा के साथ आनंदपूर्वक रहा।

एक दिन कुमार ने इच्छा प्रकट की कि अब हमें हस्तिनापुर लौट जाना चाहिए। मेरे माता पिता वहाँ मेरी प्रतीक्षा कर रहे होंगे। तब राजा द्रुमा ने कीमती रत्न तथा आभूषण भेंट करते हुए राजसी वैभव के साथ राजकुमारी किन्नरा और सुघनु को एक हाथी पर बिठाया और सेवक अनुचरों सहित बिदाई दी।

राजकुमार की आँख खुली तो उसने स्वयं को और किन्नरा को हस्तिनापुर के एक उपवन में पाया। राजा सुबाहू बहुत प्रसन्न हुए। और सुधनु को साम्राज्य का स्वामी बनाकर परलोकवासी हुए।

प्रभु बुद्ध ने कहा–भक्तजनों, पूर्वजन्म में मैं ही सुधनु था। यह वृतांत मैंने इसलिए सुनाया कि सभी मनुष्य अपनी मूर्खता को त्यागकर अपने प्रियजनों के साथ एक हो जाएं, जैसे पूर्व में सुधनु किन्नरी किन्नरा के साथ एक हो गया था।

जिसकी वाकपटुता तीव्र और प्रखर है। जिसकी विद्या महान है, जो कर्मों का नाश करता है और अपने विरोधियों का दमन करता है, वह भिक्षु आत्मवरूप परमात्मा की शिक्षा देते हुए उसी प्रकार चमकता है जैसे आकाश में पूर्ण चन्द्रमा चमकता है।

इति किन्नरी जातक कथा।

पन्ना जातक

थाईलैंड में एक प्रसिद्ध किन्नरी का नाम मनोरा मिलता है जो एक बौद्ध भिक्षु द्वारा संग्रहीत पन्ना जातक की एक कहानी की नायिका है। चियांगमाई बौद्धभिक्षु द्वारा लिखित पाली पुस्तक।

पन्ना जातक के अनुसार किन्नरी मनोरा एक राजकुमारी थी। इसमें सुटन (या सुधाना) नामक राजकुमार और किन्नरी मनोरा की प्रेमकथा है जो एक जादुई रस्सी के माध्यम से राजकुमारी मनोरा को अपने प्रेम के वश में कर लेता है। यह भगवान बुद्ध के पूर्वजन्म की कहानियों का एक अंश है। थाई किवदन्ती के अनुसार किन्नरी भी देवदूत हैं जो उन पौराणिक प्राणियों में हैं जो वाट अथवा मंदिरों की रक्षा करते हैं।

राजा प्रथम और रानी जनतकिन्नरी की सात बेटियां थीं। सबसे छोटी मनोरा थी। हिम्मापन नामक वन में एक झील थी। पूर्णिमा की रात्रि चांदनी में सातों बहनें वहाँ स्नान के लिए जाती। उनका ऊपरी शरीर सुंदर स्त्री का और निचला हिस्सा एक पक्षी का था। पंख बहुत कोमल थे। वे अपनी इच्छासार उड़ सकती थीं और पंख उतारकर मानव भी बन सकती थीं।

एक रात्रि झील के किनारे प्रहनबुन नामक एक युवक ने जादुई रस्सी से मनोरा को पकड़ लिया। डरकर बाकी सभी बहनें वहाँ से उड़ गईं। उस युवक ने किन्नरी मनोरा को राजकुमार सुटन के समक्ष प्रस्तुत किया। उसके सौंदर्य को देखकर राजकुमार उसके प्रेम में पड़ गया और उसके साथ विवाह कर लिया।

एक बार राज्य पर संकट के चलते किन्नरी मनोरा की बलि देने का दिन आया। किन्नरी ने चालाकी से अपने सुरक्षित पंखों का आह्वान किया और सबके सामने ही आकाशमार्ग से ओझल हो गई।

अन्तिमा

(किन्नरलोक की राजकुमारी)
(कहानी-डॉ. राजेश श्रीवास्तव)

पुरु ने अपने सुंदर धनुष को एक वृक्ष से टिका दिया और गहरी साँस लेते हुए उसी की छाया में खड़े होकर धूप में चमकते दूर तक फैले दिख रहे अपने साम्राज्य को निहारने लगे। उनके कंधे पर मणियों से खचित तरकश में तुणीर शोभायमान थे। यह वन उनके राज्य का सबसे सुन्दर वन था, जहाँ अनेक प्रकार के पौधे और वनस्पतियाँ तो थीं ही, अनेक सुंदर जलाशय थे जिनमें मीठा जल था तो उनके किनारे विचरण करते दुर्लभ प्रजाति के वन्य जीव।

आज वे रथ को प्रासाद में ही छोड़कर आए थे। पहाड़ी पर चढ़ने के अल्पश्रम से ही उनकी साँस तेज चलने लगी थी और पसीना काले कुंचित केशों से लगभग बह रहा था। थोड़ी ही दूरी पर एक ऊँचा पूरा अश्व अपनी दुम हिलाता हरी-हरी घास में मुँह मारता अपने नथुने मरोड़ रहा था। इसका नाम पुरु ने सुग्रीव रखा था।

वे एक हाथ से पसीना पौंछते और दूसरे से वृक्ष का सहारा लिए सोच ही रहे थे कि क्या किया जाए, तभी किसी स्त्री के रोने की आवाज उनके कानों में पड़ी। वे जितना चौंके उतनी ही फुर्ती से उन्होने वृक्ष से टिके अपने धनुष को उठाया और सुग्रीव को आवाज दी। पुरु सुग्रीव पर सवार हुए बिना ही उस दिशा की ओर भाग चले, जहाँ से वह आवाज आई थी। कर्तव्यपरायण सुग्रीव उनके पीछे दौड़ चला। पहाड़ी से थोड़ा ही नीचे उतरने पर एक जलाशय के निकट उन्हें एक युवती दिखाई दी। वह किन्नरी थी। उसके पैर एक पक्षी की भाँति थे। वह जलाशय के निकट बैठी अपने पक्षी पैरों से जलकीड़ा कर रही थी और अस्पष्ट ध्वनि में कोई गीत भी गुनगुना रही थी। पुरु सधे कदमों से उसके निकट पहुँचे और उसे सम्बोधित करके पूछा – 'हे देवी, यहॉ से किसी स्त्री के रोने का स्वर सुनाई दिया था। क्या तुमने ऐसी किसी ध्वनि को सुना है?'

'भद्र, यहॉ तो मेरे सिवा कोई नहीं है। हॉ, थोड़ी देर पहले मैं ही यहाँ जल में किसी की छाया देखकर डर गई थी और मेरी चीख निकल गई थी किन्तु वह मेरा भ्रम ही था। संभवत: उसे ही आपने सुना होगा। क्षमा करें, मेरे कारण आपको कष्ट हुआ।' उस सुंदर स्त्री ने पुरु की ओर कटाक्ष करते हुए कहा और पैरों से जलकीड़ा करने लगी।

पुरु इस व्यवहार से विचलित हो गए। उन्होंने कहा–'कोई बात नहीं, अच्छा! मैं जाता हूँ।'

तभी उनकी दृष्टि युवती के आँचल पर पड़ी। यह क्या? वे चौंक पड़े। उस युवती के पीठ पर पंख थे। किसी सुंदर पक्षी के पंख। वह कोई विशेष जलपरी ही थी। किन्नरियों के विविध रूप होते हैं। जल में विचरण करने वाली किन्नरियां पुरु ने कभी नहीं देखी थीं। उसके सौंदर्य का क्या कहना, मानो कमल ही युवती का रूप रखकर वहाँ बैठ गया हो। बड़ी दीर्घ आँखें, रसीले ओंठ, काले कुंचित घने केश, मुख पर चंद्रमा - सी आभा। पुरु उसे देखते ही रह गए। इतना सौंदर्य न तो उन्होंने कभी देखा था और न कभी कल्पना ही की थी। कितने पल ऐसे ही बीत गए। उस युवती ने पुरु के जाने या रुकने का कोई संज्ञान नहीं लिया तो वे खिन्न हो गए। धीरे- धीरे उसी मार्ग पर लौट पड़े जिस मार्ग से आए थे।

कौन है यह युवती? अप्सरा! देवकन्या! गंधर्वी! या फिर मोहिनी!

चले तो आए पुरु, पर उनका मन वहीं रह गया। महल के ऊँचे प्रासाद उनके हृदय को भेद रहे थे। आँखों के सामने वही एक चित्र! अपूर्व सुन्दरी! अपूर्वा!! कौन है वह? क्यों चले आया उसका परिचय प्राप्त किए बिना ही। निश्चय ही वह कोई जलपरी है। ऐसे पंख मैंने कभी नहीं देखे। हो न हो वह किन्नरी जलपरी ही है। गंधमादन का यह सुंदर क्षेत्र किन्नरियों से भरा हुआ है। यह परी भी हो सकती है। पहले भी मैंने यहाॅ इंद्रलोक से परियों के आने का समाचार सुना है। हो सकता है यह कोई परी ही हो। कितनी सुरीली कंठध्वनि है उसकी।

कहाँ चले जाते हैं आप, बिना बताए, कुमार? मैंने आपको कितनी बार सचेत किया। बिना सूचित किए और पर्याप्त सुरक्षा के बिना आप आखेट पर न जाया कीजिए। — चालूक पुरु का सेवक था और मित्र भी।

पुरु का मौन बता रहा था कि मन में कुछ हलचल है। चालूक ने कुमार के सिर से फेंटा उतारना चाहा तो पुरु ने सिर हिला दिया।

—मुरेठा उतार लीजिए कुमार।

पुरु मौन थे। चालूक को लगा – फेंटे को मुरेठा कहना कुमार को पसंद नहीं आया। वे इसे पग्गड़ या पाग कहना ही पसंद करते हैं।

दूर क्षितिज में उतराते सूर्य की लालिमा तीक्ष्णता छोड़कर शीतलता का आभास दे रही थी। शुक्लपक्ष का चंद्र सूर्य की बिदा के पूर्व ही आकाश में उठने को आतुर हो रहा था। पुरु सोच रहे थे कितनी सुन्दर थी वह रुपसी। मुझे उससे परिचय तो लेना ही चाहिए था। लेकिन चालूक भी तो सही ही कहता है। शत्रु बढ़ गए हैं, सावधानी आवश्यक है। कहीं वह कोई माया, नागकन्या या फिर रूप बदलकर कोई यक्षिणी? कोई भी हो सकती है वह।

मन बैचेन था पुरु का। इधर सूर्य ने बिदा ली उधर पुरु बिना किसी को कुछ बताए प्रासाद के पीछे अपने अस्तबल में आ गए। सुग्रीव हिनहिना उठा। मानो वह भी प्रतीक्षा ही कर रहा था और उसे अनुमान था कि पुरु आएंगे अवश्य।

पुरु ने सुग्रीव की गर्दन पर हाथ फेरा तो वह रोमांचित उठा और पुरु की ओर देखने लगा, मानो कह रहा हो कि बिलम्ब क्यों करते हो। आहट न हो इसलिए सुग्रीव सधे पॉव धीमे-धीमे आगे बढ़ा, लेकिन जैसे ही प्रासाद की परछाई से दूर हुआ सरपट भाग चला उसी ओर, जहाँ वह षोडसी अपूर्वा सुन्दरी मिली थी।

दो घड़ी का वह समय अनन्त वर्षों का अन्तराल प्रतीत हो रहा था। चन्द्रिका रजत आवरण में पथप्रदर्शक थी तो वन में विविध वृक्ष और लताओं की गंध पुरु का मार्ग प्रशस्त कर रही थी।

कौन जाने वह वनदेवी अब तक वहीं बैठी होगी?

लेकिन उसे वहाॅ होना ही चाहिए। वह अवश्य मिलेगी। वहीं।

जलाशय शान्त था, किसी ऋषि की भाँति घोर तप में निर्लिप्त। वृक्ष श्वास रोके मानो इस पल की ही प्रतीक्षा कर रहे थे। वह शिला भी शान्त थी, जिस पर युवती बैठी हुई थी। पुरु धीमे कदमों से उस शिला की ओर बढ़े। और चमत्कार!! वही सुन्दरी, अप्सरा उसी जलाशय के निकट आती दिखाई दी। उसके हाथ में एक सुन्दर वीणा थी और आगे पीछे कुलॉचे भरते दो नन्हें-से मेषशावक। अचानक ही वहाँ की वायु त्रिविध गंध से महक उठी। शीतल, मंद, सुगंध पवन के झोंके मानो उसी के तन का परिचय करा रहे थे।

सौंदर्य और यौवन का ऐसा बिम्ब पुरु ने न कभी देखा था और न ही सोचा था। वे चकित कर देने वाली दृष्टि से उसे निहारते ही रह गए। अपनी गोद में एक मेषशावक को बिठाए हुए वह उसे जल पिलाने का उपक्रम कर रही थी किंतु चंचल शावक उससे सध नहीं रहा था।

उसने संभवत: पुरु को देख लिया था, तभी तो वह उठकर सीधे ही उसके निकट आई और कानों में मिश्री घोल देने वाले स्वर में बोली – भद्र, यदि आप मेरी सहायता करें तो मैं इन चचंल मेषशावकों को जल पिला दूँ।'

अपलक निहार रहे पुरु की समझ में तो कुछ न आया। वे इसे एक स्वप्न ही मान रहे थे कि उस युवती ने पुन: कहा – ' सुना आपने।'

'हॉ, हॉ, क्यों नहीं। आप!, लाइए अपने प्यारे बच्चे मुझे दे दीजिए।

हॉ,। ये मेरे बच्चे ही तो हैं। मैंने इन्हें बच्चों की तरह पाला है। मनुष्य के बच्चों से कम सुंदर नहीं हैं ये। हमारे देश में सारे मेषशावक इतने ही कोमल और सुंदर होते हैं।'

पुरु ने एक मेषशावक को अपनी गोद में बैठा लिया। उस सुन्दर युवती ने दूसरे शावक को पुचकारा तो वह उसके निकट आकर उसे सूँघने लगा। गान्धार देश के नील रोम वाले मेषों के चर्म आच्छादित वस्त्रों में वह सुंदरी ऐसी प्रतीत हो रही थी मानों मेषशावक सचमुच अपनी माँ की गोद में दुबका हो। उसके केशों का कहना ही क्या? जैसे मेघ उमड़-घुमड़कर उसके स्कंधों पर उतर आए हों और उसके कोमल कांत वपु पर आसन जमा रहे हों। मनुष्य तो स्वभाव से ही स्त्री से पराजित रहा है। पुरु को लगा कि उस अनाम सुन्दरी के रूप की आभा के वशीभूत होकर वे अपना हृदय हार ही बैठे हैं।

शावक के कोमल चर्म पर हाथ फेरते हुए किंचित संकोच में पुरु ने उस सुन्दरी का ध्यानाकर्षण करते हुए कहा – 'हे देवी, तुम्हारा परिचय प्राप्त करने के लिए मन व्याकुल है। कहो, तुम कौन हो और कहाँ से आई हो?"

ओठों को गोल आकार देते हुए मुस्कुराकर वह बोली -सम्राट द्रुमा की कनिष्ठपुत्री हूँ।'

'किन्नरा! - पुरु ने मुग्ध भाव से नाम का उच्चारण किया।

'राजकुमारी किन्नरा कहो। अभी हमारा परिचय पूर्ण नहीं हुआ है। मैं इन्द्रलोक से लेकर

गंधर्वलोक तक, पाताललोक से लेकर अलकापुरी तक और हिमालय में किन्नर कैलाश से लेकर सम्पूर्ण किंपुरुषवर्ष में निर्बाध भ्रमण करती हूँ। यहाँ बहुधा आती हूॅ। यह स्थान बहुत सुंदर है।

शावक जल पी चुके तो वह भी एक शावक को गोद में लिए पुरु के निकट ही शिला पर आकर बैठ गई। एक मोहक दृष्टि पुरु पर डालने के उपरांत बोली 'हे सुन्दर युवक, क्या तुम इस देश के राजा हो? तुम्हारे वस्त्र और आभूषणों को देखकर तो ऐसा ही प्रतीत होता है। मैंने सुना है, आर्यावर्त्त में सबसे सुन्दर राजकुमार पुरु है। संसार में तुमसे भी कोई अधिक सुन्दर होगा ऐसा नहीं लगता। तो क्या मैं यह समझूँ कि तुम ही राजकुमार पुरु हो?'

'तुम्हारा अनुमान सर्वथा सत्य है किन्नरा। मैं ही पुरु हूॅ। मृगया के लिए यहाँ प्रायः आता रहता हूँ लेकिन तुम्हें यहाॅ पहले कभी नहीं देखा।'

'हे राजकुमार, मेरा देश तो अपने आप में अदभुत एवं सर्वसम्पन्न है। मैं अपनी वीणा लेकर उसमें स्वतंत्र विचरण करती थी किन्तु इंद्र के दंड से मुझे यहाँ आना पड़ा।

'दंड? कैसा दंड?' पुरु ने आश्चर्य से पूछा।

'मैं किन्नरी हूॅ। किन्नरियों का कार्य अपने देशधर्म का पालन करना होता है। मैं बिना अनुमति आकाश में भ्रमण कर रही थी कि इंद्र के गणों ने मेरा अपहरण कर लिया। मुझे इंद्रलोक के नियम रास नहीं आए। सभा में जाने का मन नहीं करता था। अनावश्यक विरुदावली गान मेरे स्वभाव में नहीं। उन्हें जब ज्ञात हुआ कि मैं किन्नरलोक की राजकुमारी हूँ तो वे थोड़ा उदार हुए और मुझे नृत्यशाला में भेज दिया। वहाँ बहुत सी अप्सराएं, गंधर्वकुमारी, नागकन्याएं और किन्नरियां थीं। फिर धीरे धीरे मुझे प्रमुख नृत्यांगना बना दिया।

अब मैं अपनी इच्छा से सम्पूर्ण लोकों में आ जा सकती हूँ। इंद्रलोक के विशेष आयोजनों पर मेरी उपस्थिति अनिवार्य होती है।

पुरु आश्चर्य में थे। विश्वास नहीं हो रहा था कि उनके सामने इंद्रलोक की नृत्यांगना और किन्नरलोक की राजकुमारी किन्नरा है। वे पलक झपकना ही भूल गए थे। इतना सौंदर्य पहले कभी न देखा था।

वह कह रही थी -राजकुमार, तुम्हारी कीर्ति सभी लोकों में है। तुमने पृथ्वी को अपने बाहुबल से विजित किया है। सच पूछो तो तुम्हारी कीर्ति ने मुझे यहाॅ आने को विवश कर दिया। तुम्हें देखकर लगता है कि मेरा यहाँ आना सार्थक ही हुआ। फूलों से खिले हुए और मेवों से लदे हुए मेरे किन्नर देश में एक अधूरापन था। न जाने क्यों ऐसा लगता था कि मेरे हृदय की प्रबल भावना की तृप्ति आर्यावर्त्त में ही संभव है। तुम ही कहो पुरु, क्या मैं कोई साधारण नर्तकी हूँ, जो किसी भी विलासी राजा के भोग का साधन बनने को तत्पर रहूँगी। क्या मेरा हृदय मेरा अपना नहीं है? क्या मेरे हृदय के भावों का कोई भी अर्थ नहीं है?

'तुम्हें इस वन में प्रवेश करते समय तनिक भी भय नहीं लगा। क्या तुम जानती हो कि यहाँ भयानक पशु विचरण करते हैं?' – पुरु ने विषयान्तर करते हुए पूछा।

हॅसते हुए किन्नरा बोली-'राजकुमार, मुझे किसका भय? हम किन्नरियों को ऐसे सभी पशुओं को वश में करना खूब आता है।'

'और मनुष्यों को भी! - तीक्ष्ण दृष्टिपात करते हुए पुरु ने कहा। किन्नरा उसका आशय समझ गई, किन्तु अनजान बनते हुए बोली 'मुझे यह ज्ञात नहीं कि किसी का हृदय कैसे जीता जाता है किन्तु ऐसा अवश्य लगता है कि मैं तुमसे अपना हृदय हार बैठी हूँ।'

पुरु का हृदय आन्दोलित हो उठा। उसने एक पल भी नहीं सोचा था कि वह अनुपम सुंदरी इतने सहज भाव से अपना हृदय उसके सम्मुख खोलकर रख देगी। फिर भी वे सँभल कर बोले –'किन्नरा, लगता तो मुझे भी यही है। क्या तुम मेरे प्रेम आग्रह को स्वीकार करती हो?

किन्नरा वहाँ से उठ खड़ी हुई और शावक को अपने गालों से सहलाते हुए बोली–'अभी मेरे बारे में बहुत कम जानते हैं कुमार। मैं स्वतंत्रता में विश्वास करती हूँ। मुझे किसी के अधीन रहना एक पल भी नहीं भाता। तुम्हारा राज्य बहुत बड़ा और सुंदर है। तुम्हें देखने की मन में अभिलाषा थी, सो देख लिया। किन्नरी के चरित्र को अभी तुम जानते ही कितना हो। मेरा मोह छोड़ो और मुझे जाने की आज्ञा दो।'

पुरु भी वहाँ से खड़े होते हुए बोले–'हृदय को किसी समझ की आवश्यकता नहीं होती देवी और यह हृदय तो अब मेरे अधीन रहा ही नही, जो तुम्हें किसी प्रकार की आज्ञा दे सकूँ। अब तो तुमसे ही कुछ पाने को मेरा मन उतावला हो रहा है।

किन्नरा के मुख पर लज्जा के भाव गहरा गए। वह वहाँ से हटने को उद्यत हुई कि तेजी से आगे बढ़कर पुरु ने उसका हाथ पकड़ लिया। दोनों के गोद से शावक कूद कर शिला पर जा बैठे। पुरु ने किन्नरा को खींचकर अपने अंक में भर लिया।

समय बीतता गया। प्रतिदिन संध्या किन्नरा के हाथों से गुँथी हुई माला और पुरु की ग्रीवा। अपने हाथों से एक-एक पुष्प चुनकर किन्नरी माला बनाती और पुरु को पहनाती। पुरु अपनी ग्रीवा से उतारकर उसे उसी को पहना देते और अपनी बाहों में भर लेते।

बहुत दिन बीत गए। किन्नरी के सौंदर्य को राजकुमार ने देखा था तो उसके अदभुत गुणों से भी परिचय हुआ। किन्नरियां आकाशगामी होती हैं। जिस लोक में होती हैं वहाँ के अनुरुप स्वरुप और शरीर ग्रहण कर सकती हैं। वहॉ के पशु-पक्षियों की भाषा भी समझ लेती हैं। अदृश्य होने और तेजी से किसी दूसरे स्थल पर पहुँच सकती हैं। उनके शरीर से पुष्पों की गंध निकलती रहती है। वे सदैव श्रृंगारित रहती हैं। उनकी वेणियों तथा मालाओं के पुष्प मुरझाते नहीं हैं। उन्हें पसीना नहीं आता। प्रकाश में उनकी छाया भी नहीं दिखाई देती। भूख-प्यास नहीं लगती। बला - अतिबला विद्याओं पर सिद्धि के कारण थकान नहीं आती और नींद भी। वे बहुत समय तक इच्छानुसार नृत्यगायन और वादन भी कर सकती हैं।

अचानक एक दिन पुरु ने माला पहनने से मना कर दिया।

'नहीं, अब नहीं। इसे तुम्हीं क्यों नहीं पहनतीं किन्नरा। तुम्हारी ग्रीवा में तो यह और भी सुन्दर लगेगी।' यह कदाचित प्रथम अवसर था कि पुरु ने उसके किसी आग्रह का विरोध किया हो।

किन्नरा ने प्रयत्न करके माला पुरु की ग्रीवा में पहना ही दी और मुस्कुराती हुई बोली-किसी वस्तु के सुन्दर होने मात्र से ही उसे हम अपने गले लगाने को बाध्य नहीं।

पुरु को किन्नरा का यह तर्क रास नहीं आया। वे तनिक उत्तेजना में बोले– 'तो फिर इसे पानी में फेंक दो। जब तुम्हें इसे पहनना ही नहीं है तो फिर इतना श्रम करके इसे बनाने की आवश्यकता ही क्या है?'

किन्नरा अपनी सहज और उन्मुक्त हॅसी हॅसते हुए बोली–'पुष्प सुन्दर थे, इसलिए उन्हें एकत्र किया। उनका उपयोग करने के लिए माला बनाई। फिर ध्यान में आया कि माला टिकाउ नहीं है, पुष्प छूने से कुम्हला जाते हैं। उसे मैं पहनकर क्या करूंगी। तुम्हें पहना दिया क्योंकि पुष्प डाल में ही सुन्दर लगते हैं।'

पुरु इस तर्क से अनुत्तरित हो गए। वे सोचते कि क्या करें तब तक किन्नरा वह माला उनकी ग्रीवा से उतारकर अपनी ग्रीवा में डाल चुकी थी और मुस्कुराते नेत्रों से पुरु को निहार रही थी।

द्राक्षा की लता से घिरी हुई एक मनोहर पार्वतीय गुफा में किन्नरा और पुरु साथ बैठे। किन्नरा के हाथ में एक वीणा है, पतली उंगलियों से तार छिड़ रहे हैं, सुरीला संगीत ध्वनित हो रहा है। अचानक वे दोनों चौंक पड़े। देखा सामने से एक गंधर्व युवक सीधे उन्हीं की ओर चला आया। जाने किस आवेग में था कि अपने हाथों में पकड़ी वनपुष्पों की माला किन्नरा की ग्रीवा में डाल दी। पुरु चौंक गया। इतना दुस्साहस!

वह युवक घुटनों के बल किन्नरा के सम्मुख बैठ कर प्रणय निवेदन की मुद्रा में कहने लगा –'आह, किन्नरा! कितने समय पश्चात तुम्हें देख पाया। बिन बताए तुम कहाँ चली गईं थीं। मेरे इस पुष्प निवेदन को स्वीकार करो।

किन्नरा कुछ कहती, इसके पूर्व ही पुरु उठकर खड़ा हो गया और कर्कश स्वर में बोला - अबोध युवक, कौन है तू? किन्नरा मेरी प्रियतमा है। उसकी ग्रीवा में माला पहनाने का तेरा दुस्साहस कैसे हुआ? क्यों अपनी मृत्यू को आमंत्रण दे रहा है।

किन्नरा के सामने झुके हुए उस युवक ने तिरछी निगाहों से पुरु की ओर देखा। फिर बिजली की गति से खड़ा हुआ और हँसकर बोला–'आपसे मैंने क्या कहा? क्या आप यमराज हैं? आपको इतना कोध क्यों आ रहा है? क्या आपको पूर्ण विश्वास है कि किन्नरा आपकी प्रियतमा है और उस पर आपके सिवा और किसी का अधिकार नहीं है?'

'दुष्ट युवक, पहले तुम मेरे प्रश्न का उत्तर दो। कौन हो तुम?' - क्रोध में कॉपते हुए पुरु ने कहा।

'तुम्हारी किसी बात का उत्तर देना मैं उचित नहीं समझता। - वह युवक बहुत निडर तथा धैर्यवान था।

'तुम केवल इतना कहो कि तुमने किन्नरा को माला किस अधिकार से पहनाई?'

'फूलों की माला पहनाने से वह मूर्छित तो नहीं हो जाएगी। ऐसी माला तो मैं उसे बचपन से ही पहनाता रहा हूॅ। क्यों किन्नरा, मेरे माला पहनाने में तुम्हें कोई आपत्ति है?'

पुरु उस युवक के इस दुस्साहस से कोध में जलने लगे और तलवार निकालकर एक वार उसके कंधे पर किया। वह कोमलकांत युवक घायल होकर नीचे गिरा ही था कि उसका वध करने को पुरु ने दूसरा वार करना चाहा। तभी किन्नरा सामने आ गई और उसके वार को अपने शरीर पर लेने को उद्यत हुई।

यह देख पुरु भौंचक रह गए। हाथ से तलवार छूट गई। उनका सारा कोध एक ही पल में समाप्त हो गया। नेत्रों से अश्रुजल धारा प्रवाहित होने लगी। झुकी हुई गर्दन से उन्होंने देखा– किन्नरा बहुत बैचेन है और उस युवक के घाव पौंछ रही है। उसका हृदय धौंकनी की तरह चल रहा है। अपने प्रेम से आहत पुरु लगभग रोते हुए वहाँ से चले गए। जाते समय मेषशावक की पूँछ पर उनका पैर जो पड़ा तो वह क्रंदन कर उठा। पुरु ने पीछे मुड़कर नहीं देखा।

'सत्य ही तो कहता है वह युवक! किन्नरा का अपना भी अस्तित्व है। मुझे उसके अतीत के बारे में पूछना चाहिए था। मैंने ही कब उसे बताया है अपना अतीत। फिर उस पर प्रेमाधिकार क्यों?

किन्नरा उस युवक का सिर अपनी गोद में लेकर कह रही थी। –केयूरक, कैसे हो तुम? बहुत पीड़ा हो रही है क्या?

केयूरक के घाव गहरे नहीं थे। किन्नरा की आत्मीयता ने उसके तन के घाव भर दिये, किन्तु मन में बहुत से प्रश्न थे जिनका उत्तर नहीं था। बड़े उखड़े मन से केयूरक बोला–'मैं तुम्हारा बाल सखा हूँ। क्या तुम मेरे साथ इस तरह का व्यवहार करोगी? बताओ, बताओ मैं अब तुम्हें किस नाम से पुकारूं?'

किन्नरा ने दुखी मन से उसके कंधे पर हाथ रखा ही था कि तभी पुरु वापस वहाँ पहुँच गया। केयूरक को देखकर एक पल तो ईर्ष्या से जल पड़ा किन्तु अपने को रोकते हुए सँभलकर उसने किन्नरा की मिन्नत करना चाही।

'किन्नरा, वह .... संभवतः आज मैं - उसके मुँह से शब्द नहीं फूटते थे।

किन्नरा तन कर खड़ी हो गई। 'राजकुमार, यह केयूरक है, मेरे बचपन का सखा। इसने समय-असमय अनेकों बार मेरी प्राण रक्षा की है, अनेकों बार मेरे लिए अपना रक्त बहाया है। आज यह तुम्हारे हाथों से आहत हुआ है, वह भी मेरे सामने और मेरे कारण ही, तो मैं कैसे चुपचाप बैठ सकती हूँ।' किन्नरा का कंठ अवरुद्ध हो चला। केयूरक उसे हाथ के संकेत से चुप रहने को कह रहा था।

'जाओ केयूरक, चले जाओ यहॉ से। यहॉ हमारे सम्बन्धों को कोई न समझ सकेगा। मैंने अपना तन और मन पुरु को सौंप दिया है। जाओ, मुझे क्षमा करना।'

इतना सुनकर केयूरक वहाँ से शीघ्र ही चला गया। उसे जाते देख किन्नरा भी उसके पीछे-पीछे थोड़ी दूर तक गई। पुरु सिर झुकाकर उदास बैठे गया। तभी वह दौड़ी हुई आई।

'विश्वासघात, इतना.....!' - उसके स्वर में व्याकुलता है।

'क्या हुआ?'- पुरु ने पूछा।

'मेरे प्यारे बच्चे!

'क्या हुआ उन्हें '?

'गंधर्व केयूरक दोनों को उठाकर ले गया। - किन्नरा ने सिसकते हुए कहा।

'किधर गया है वह?' – पुरु ने पूछा। सिर झुकाए हुए किन्नरा ने उंगली उठाकर एक दिशा की ओर संकेत किया। तलवार खींचकर पुरु उधर ही दौड़ पड़े। जब वे लौटे तो किन्नरा ने प्रश्न किया -'यह क्या? खाली हाथ!'

'बहुत दूर तक देखा। वे कहीं नहीं मिला। '

'अच्छा, तो अब मैं भी जाती हूँ। मैं अपने बच्चों के बिना नहीं रह सकती। बिदा!'

'वे मेषशावक तुम्हें इतने प्यारे हैं कि उनके लिए तुम मुझे छोड़कर चली जाओगी।'

'हाॅं, मैं उनके बिना नहीं रह सकूँगी। उनसे ही मेरा अस्तित्व है।

'मेरे और तुम्हारे प्रेम का क्या यही परिणाम है?'

किन्नरा मुस्कुरा भर दी।

'क्या तुम्हें मेरे प्रेम पर विश्वास नही।

'तुम्हें भ्रम हुआ है, पुरु। मैंने सोचा था कि मैं तुम्हें अपने अनुकूल बना लूँगी किन्तु ऐसा नहीं हो सका। हम किन्नर अभिशापित हैं। हमारी इच्छाएं हमारे वश में नहीं। यहाँ तुम्हारे पास रहने की शक्ति उन्हीं शावकों की उपस्थिति के अधीन थी। अब जब वे नही तो मैं भी यहाॅं अधिक समय तक नहीं रुक सकती। मेरे शावकों की रक्षा ही न कर सके तुम! अब मैं जाती हूँ सदा के लिए।'

'हमने जिन सुनहरे पलों को जिया है, उनका क्या? वे सारी बातें?

'भूल जाओ। सब कुछ। भूल ही जाओगे। तुम्हें कुछ भी स्मरण नहीं रहेगा।'

'अर्थात?'

'सब भ्रम ही था।'

'तो फिर यह भ्रम सारे संसार में फैलेगा। कितनों का अहित होगा। - पुरु ने जोरों से चीखते हुए कहा।

किन्नरा बोली — 'मैंने तो पहले ही कहा था, मैं स्वतंत्र हूँ। मुझ पर किसी का अधिकार नहीं रहा है। अधिकार बताने का प्रयत्न भी न करना। इसी स्वतंत्रता के लिए आगे संसार में कठोर नियम बनेंगे। किन्तु मैं स्वतंत्र ही रहूँगी। जाओ, संसार के सुख तुम्हारी प्रतीक्षा कर रहे हैं।

पुरु ने उसका हाथ पकड़कर रूँदे कंठ से कहा— निष्ठुर, क्या यही प्रेम का परिणाम है?

किन्नरा ने आँखों में समस्त प्रेम उमेड़कर कहा—मुझे जाना ही होगा। और सुनो, इंद्रलोक में मेरा नाम अन्तिमा है। राजकुमारी अन्तिमा। किन्नर कुमारी अन्तिमा। अब कोई किन्नरी मर्त्यलोक के किसी पुरुष की भार्या नहीं बनेगी। मैं अन्तिमा हूँ।

किन्नरा हाथ छुड़ाकर चली गई।

ठीक उसी क्षण सूर्योदय हुआ और प्रकाश की किरणें फैलते ही संसार ने नया जन्म लिया। पुरु को अब कुछ भी स्मरण नहीं। आकाश की ओर गहरे शून्य को निहारते वे बड़बड़ा रहे थे - किन्नरा अन्तिमा!